ENSEIGNEMENT SECONDAIRE SPÉCIAL

LES PRÉCIEUSES RIDICULES

QUATRIÈME ANNÉE

MOLIÈRE

BIBLIOTHEQUE DE L'ENSEIGNEMENT SECONDAIRE SPÉCIAL

PUBLIÉE SOUS LA DIRECTION DE MM.

EUGÈNE MANUEL
Inspecteur général de l'Instruction publique
Membre du Conseil supérieur

VICTOR DUPRÉ
Inspecteur de l'Académie de Paris

QUATRIÈME ANNÉE

MOLIÈRE

LES

PRÉCIEUSES RIDICULES

PAR

Gustave REYNIER

Ancien élève de l'École normale supérieure,
Professeur agrégé au Lycée de Grenoble.

Ouvrage conforme au programme du 10 août 1886

PARIS

MAISON QUANTIN
7, RUE SAINT-BENOIT

A. PICARD & KAAN
11, RUE SOUFFLOT

TABLEAU CHRONOLOGIQUE

DE LA VIE ET DES ŒUVRES

DE

MOLIÈRE

Le 14 janvier 1622, Jean-Baptiste Poquelin naquit à Paris, dans la rue Saint-Honoré. Son père, valet de chambre tapissier du roi, lui réservait la survivance de son emploi et lui fit commencer de bonne heure son apprentissage. Mais l'enfant se sentait peu de goût pour le métier paternel : il obtint, à force de prières, d'être envoyé au collège de Clermont (Louis-le-Grand). Il y étudia avec passion et fit en cinq ans ses études complètes. Puis, après avoir suivi quelque temps les cours du célèbre philosophe Gassendi, il alla étudier le droit à Orléans et fut reçu avocat à Paris.

Dès ce moment, toutes ses pensées se tournent vers le théâtre. Malgré les résistances de sa famille, il s'associe avec quelques jeunes gens qui ont du talent pour la déclamation, fonde l'*Illustre Théâtre* et se met à jouer la comédie dans les jeux de paume des faubourgs. Ne se sentant pas encore capable de lutter avec les troupes de l'*Hôtel de Bourgogne* et du *Marais*, il quitte bientôt Paris et s'en va vivre dans les provinces de la vie errante et nécessiteuse des petits comédiens. C'est à ce moment qu'il renonce au nom de Poquelin et prend celui de Molière.

Pendant douze ans, il parcourt la France et surtout le midi.

Après avoir joué des farces empruntées à la comédie italienne, il s'essaye à en composer lui-même : il fait rire, il est applaudi. Bientôt aux petites bouffonneries, comme le *Médecin Volant* et la *Jalousie de Barbouillé*, succèdent les grandes œuvres : l'*Étourdi*, joué à Lyon, en 1653, le *Dépit Amoureux*, joué à Béziers, en 1656. Molière semble prendre alors conscience de son génie ; il se rapproche de Paris, sentant bien que là seulement il pourra en faire l'essai décisif.

Le 24 octobre 1658, il paraît pour la première fois devant la cour : il représente, avec *Nicomède* de Corneille, une petite comédie de lui, le *Docteur Amoureux*, qui a beaucoup de succès. Le duc d'Orléans le prend sous sa protection et le présente au roi qui lui permet de jouer alternativement avec les comédiens italiens sur le théâtre du Petit-Bourbon.

C'est sur ce théâtre qu'il représente les **Précieuses Ridicules**, le mardi **18 novembre 1659**.

Le grand succès de cette pièce l'enhardit : il commence « à entrer, comme il faut, dans le ridicule des hommes ». Les sots qui se croient atteints, les auteurs qui se voient éclipsés, s'élèvent contre lui, les comédiens rivaux le calomnient et l'outragent : il ne répond à ces attaques que par de nouveaux chefs-d'œuvre ; il se presse, il se hâte d'écrire, il semble deviner que sa vie sera courte et que le temps lui manquera pour « peindre tous les travers de son siècle ».

En 1660, il donne *Sganarelle*.
En 1661, — *Don Garcie de Navarre*.
— — *l'École des Maris*.
— — *les Fâcheux*.
En 1662, — **l'École des Femmes.**

En 1663, *la Critique de l'École des femmes* et l'*Impromptu de Versailles*, les deux seules pièces où il parle de lui et où il énonce les règles de sa poétique. « Ce ne sont point, dit-il, de grands mystères. » Il se propose : 1° de peindre la nature ; 2° de faire rire les honnêtes gens. Voilà tout le secret de son art !

En 1664, il fait jouer *le Mariage Forcé*.
— — *la Princesse d'Élide*.
— — les trois premiers actes de *Tartuffe*.

En 1665, il fait jouer **Don Juan ou le Festin de Pierre.**
— *l'Amour Médecin.*
En 1666, — **le Misanthrope.**
En 1667, — *le Médecin malgré lui.*
— — *Mélicerte.*
— — *la Pastorale Comique.*
— — *le Sicilien ou l'Amour Peintre.*
— — **le Tartuffe**, dont les trois premiers actes avaient déjà été donnés à Versailles en 1664. Cette pièce, plus hardie que les précédentes, provoque une grande émotion. Les ennemis de Molière, les dévots « mis en jeu » se coalisent pour en faire interdire la représentation. L'on voit alors le grand comique, si indifférent aux attaques qui ne frappaient que lui, défendre avec acharnement, avec passion, son œuvre, le fruit de son génie. Lui, si discret, si modeste, intrigue, sollicite, supplie ; il finit enfin par obtenir du roi, qui l'aime et le protège, que l'interdiction sera levée (1669).

Pendant cette longue et anxieuse attente, il n'a pas cessé de composer.

En 1668, il a donné *Amphitryon.*
— — *George Dandin.*
En 1669, — **l'Avare.**
— — *M. de Pourceaugnac.*
En 1670, il fait représenter **le Bourgeois Gentilhomme.**
— — *les Amants Magnifiques.*
— — *Psyché*, qu'il a composée en collaboration avec Quinault et le grand Corneille.
En 1671, — *les Fourberies de Scapin.*
— — *la Comtesse d'Escarbagnas.*
En 1672, — **les Femmes Savantes.**
En 1673, — *le Malade Imaginaire.*

Quelle prodigieuse fécondité ! Plus de trente pièces en moins de vingt ans !

Pièces de toutes sortes, comédies de caractère, comédies de mœurs, comédies-ballets, comédies d'intrigue, bouffonneries divertissantes où Boileau ne « reconnaissait pas l'auteur du

Misanthrope » et où il paraît cependant dans mille observations profondes. Tout cela écrit dans ce style inimitable qui tantôt peint à grands traits, comme dans la fresque, et tantôt rend les détails les plus délicats, comme dans la miniature. Tout cela composé au milieu des tracas incessants que donnait à Molière son triple métier d'auteur, d'acteur, de directeur de théâtre; au milieu des chagrins que lui causait une femme indigne de lui; au milieu des souffrances de plus en plus douloureuses d'un mal qui ne pardonne pas.

Molière était depuis longtemps malade et réduit à ne se nourrir que de lait. Ses amis le suppliaient de se reposer. L'Académie Française lui offrait la première place vacante, à condition qu'il renonçât au théâtre. Il préféra se sacrifier jusqu'au bout à la fortune de sa troupe et mourir sur son champ de bataille.

Le vendredi 17 février 1673, il se sentit plus fatigué que de coutume. On donnait, ce soir-là, la quatrième représentation du *Malade Imaginaire*. On voulut lui persuader de ne pas jouer. « C'est impossible, dit-il, il y a cinquante pauvres ouvriers qui n'ont que leur journée pour vivre : je me reprocherais d'avoir négligé de leur donner du pain un seul jour, le pouvant faire absolument. » Il joua, mais il était à bout de forces. Au moment où il prononçait le mot : « *Juro* » dans la *Cérémonie*, il lui prit une convulsion qu'il essaya de cacher sous un sourire. On le porta chez lui après la pièce; il eut une quinte de toux si terrible qu'un vaisseau se rompit dans sa poitrine et il expira une heure environ après avoir quitté le théâtre.

NOTICE

SUR

LES PRÉCIEUSES RIDICULES

I

LES PRÉCIEUSES

Qu'étaient-ce que ces précieuses que Molière attaqua, dès son arrivée à Paris ?

Au commencement du XVIIe siècle, quand les grandes luttes religieuses et politiques furent terminées, quand les esprits, si longtemps émus, passionnés et troublés, eurent retrouvé le calme et la tranquillité, on éprouva le besoin de se rapprocher et de s'entretenir. On avait trop longtemps bataillé, disputé, prêché, harangué : on voulait causer.

Une personne de grande naissance, Catherine de Vivonne, marquise de Rambouillet, réunit, dans son hôtel de la rue Saint-Thomas-du-Louvre, tout ce que la Cour et la Ville avaient de femmes distinguées, de gentilshommes éclairés et d'écrivains aimables. Dans la fameuse « Chambre bleue » à côté du duc d'Enghien, qui fut plus tard le grand Condé, du marquis de La Salle, depuis duc de Montausier, de La Rochefoucauld, de Saint-Evremond, on trouvait l'avocat Patru, l'érudit Ménage, Conrart, moins silencieux sans doute qu'à l'Académie, les poètes Colletet, Benserade, Mairet, Rotrou, le grand Corneille, quand il était à Paris, Scarron quelquefois, Chapelain, Vaugelas et bien d'autres encore, sans parler de Balzac et de Voiture qui étaient les beaux esprits attitrés de l'hôtel. Parmi les dames, on remarquait Mlle de Bourbon, qui devait être duchesse de Longueville, Mlle de Scudéry, la marquise de Sablé, Mlle Paulet que ses cheveux roux avaient fait appeler la *Belle Lionne*.

Gaie sans malice, bienveillante sans coquetterie, la marquise de Rambouillet avait toutes les qualités qu'il fallait pour retenir autour d'elle tant de personnes de naissance, de fortune et de talents si divers. Ses deux filles, Julie d'Angennes et Angélique, l'aidaient dans cette tâche difficile : Julie surtout, si charmante, si indulgente, si enjouée, « si bien née pour le monde, pour les fêtes et pour faire les honneurs d'une grande Cour, qu'on ne peut pas l'être davantage ». « Elle a, ajoute Mlle de Scudéry, une multitude d'amies et d'amis si prodigieuse qu'on est quelquefois épouvanté, comment elle peut faire pour répondre à l'amitié de tant de personnes à la fois. Cependant elle ne laisse pas de les satisfaire toutes. »

Que n'eût-on pas fait pour plaire à des personnes si accomplies! Elles imposèrent bientôt à tout le monde leurs préférences et leurs goûts. On vit renaître la galanterie et le respect des femmes; on commença à rechercher les plaisirs de l'esprit; les sentiments s'affinèrent, le langage devint plus délicat; un art nouveau apparut : celui de la conversation. On se mit à causer : causeries charmantes où l'esprit et le cœur trouvaient également à se satisfaire et où la passion recevait de nouveaux charmes par les analyses qu'on en faisait, causeries sérieuses aussi où l'on appréciait les œuvres du talent et parfois même du génie : les lettres de Voiture et les tragédies de Corneille, où l'on ne dédaignait même pas les questions de grammaire, où l'on discutait la valeur et le sens des termes, où l'on faisait un sort aux mots.

L'hôtel de Rambouillet a ainsi rendu un service inappréciable à notre littérature. Dans ces sortes d'entretiens, il a travaillé lentement, sans prétentions, à fixer cette langue française déjà réformée par Malherbe qui fut, lui aussi d'ailleurs, un des premiers amis de la marquise. Sans avoir vu naître dans son sein un seul vrai chef-d'œuvre (Corneille était plutôt un visiteur qu'un habitué, Balzac n'a eu du grand orateur que l'art de faire les périodes), il a préparé pour les grands maîtres du XVIIe siècle l'instrument dont ils avaient besoin, une langue pure, élégante et précise, dégagée des termes pédants ou grossiers, capable de rendre toutes les délicatesses du sentiment et toutes les nuances de la pensée.

L'hôtel de Rambouillet a fait plus encore. En recherchant les écrivains, en les estimant à l'égal des plus grands personnages, il les a fait sortir de la condition inférieure où ils avaient été jusqu'alors renfermés, il leur a donné le sentiment de leur valeur, de leur indépendance et de leur dignité. En attachant un prix infini aux choses de l'esprit, il a répandu dans les hautes classes ce goût et ce respect des lettres sans lesquels une littérature ne peut arriver à sa perfection.

Cette réforme des mœurs, du langage et du goût se fit simplement, sans pédantisme; on sut toujours, dans la « Chambre bleue », rester gai et enjoué, même en traitant les questions sérieuses. Il était difficile cependant qu'une nombreuse assemblée de beaux esprits, où chacun cherchait à se faire valoir, évitât toujours la subtilité et même l'affectation. La marquise de Rambouillet, qui cependant mettait tous ses soins à paraître naturelle[1], avait une telle horreur de la vulgarité qu'elle tombait parfois dans des délicatesses excessives. Sa jeune fille Angélique qui n'était, paraît-il, ni très aimable ni très civile, avait, plus encore que la marquise, le dédain des pensées et des expressions communes. « Un gentilhomme, dit Tallemant des Réaux, déclara hautement qu'il n'irait point voir Mme de Montausier, tant que Mlle de Rambouillet y serait, et qu'elle s'évanouissait quand elle entendait dire un méchant mot. » Un autre, lui parlant, hésita longtemps sur le mot *avoine :* « De par tous les diables, dit-il, on ne sait comment parler céans. » Venue quelques années plus tard, Angélique eût été une franche précieuse; mais l'esprit précieux n'existait pas encore; il se laissait à peine deviner.

Il commence à paraître dans les réunions qui se tinrent chez Mme de Sablé, après que le mariage de Julie d'Angennes, la mort de Voiture et un deuil cruel de la marquise eurent rendu l'hôtel de Rambouillet à peu près désert. Mais là encore il est tempéré

1. Mlle de Scudéry nous l'apprend : « Elle sait diverses langues et n'ignore presque rien de ce qui mérite d'être su; mais elle le sait sans faire semblant de le savoir, et on dirait, à l'entendre parler, tant elle est modeste, qu'elle ne parle de toutes choses admirablement, comme elle fait, que par le simple sens commun et par le seul usage du monde. » (*Le grand Cyrus*, t. VII, l. I).

par le goût naturel des gens d'esprit, par les grandes manières et le bon ton des gens de cour.

Dans le cercle qui se forme un peu plus tard autour de Mlle de Scudéry, les écrivains de talent deviennent rares; il n'y a plus de grands seigneurs ni de grandes dames. Le fond de la compagnie est tout bourgeois, et ce n'est pas là cette bourgeoisie sensée et fine qui devait être le public préféré de Molière et son plus ferme soutien; c'est une bourgeoisie prétentieuse qui fait tous ses efforts pour se donner les airs du grand monde sans y pouvoir parvenir, et qui, avec la meilleure volonté d'imiter l'hôtel de Rambouillet, n'arrive qu'à le singer. « L'esprit n'y manquait pas, dit M. Cousin; mais il était, à tous égards, d'une assez mince qualité : peu de simplicité, beaucoup de fadeur et de recherche..... On affectait le ton galant, parce qu'on ne l'avait pas naturellement. »

Il y avait là cependant quelques hommes de valeur : Conrart, Chapelain, Pellisson, qui avaient été des habitués de la « Chambre bleue »; Mlle de Scudéry, dont le cœur était excellent, avait aussi des qualités d'esprit sérieuses, de la délicatesse, une grande facilité. Les uns et les autres ne surent malheureusement pas se garder du pédantisme et de l'afféterie. Les entretiens, dont la littérature était l'unique objet, devinrent vite graves et sentencieux. On prit l'air doctoral, on eut l'air de se faire la leçon, on dit prétentieusement les plus petites choses. Les madrigaux, les billets galants, les énigmes, les portraits, les analyses de sentiment, les questions de morale amoureuse, les discussions littéraires ou grammaticales, tous ces divertissements littéraires, qui, dans le salon de la marquise, n'étaient qu'un passe-temps et qu'un jeu, devinrent, dans la société de Mlle de Scudéry, des occupations d'importance auxquelles on s'appliqua avec un grand sérieux. Il y eut un *Samedi* [1], où l'on ne fit que des madrigaux; et quels madrigaux! Ces productions plus que médiocres n'étaient point, sans doute, destinées à la publicité; mais on y attachait du prix et, ce qui le prouve, c'est qu'on prenait la peine de les recueillir.

1. C'était le samedi qu'on se réunissait chez Mlle de Scudéry.

Plus on va, plus ces occupations deviennent puériles, et plus on les prend au sérieux. La société suit sa pente naturelle vers le mauvais goût. Cette société même devient de plus en plus mêlée : le succès des longs romans de Mlle de Scudéry lui attire de nouveaux visiteurs « ramassés de tous côtés », nous dit Tallemant. Les *Samedis* ne cessèrent plus dès lors de dégénérer jusqu'au moment où, pour employer encore une expression de Tallemant, « tout finit par se découdre ».

Malheureusement, avant de finir, ces réunions avaient donné naissance à des imitations encore plus fâcheuses. Les femmes les plus communes et les plus sottes s'étaient mises à recevoir compagnie chez elles et à copier aussi mal les *Samedis* de Mlle de Scudéry que celle-ci avait mal copié les assemblées de l'hôtel de Rambouillet. Mlle de Scudéry et ses amies étaient pédantes, mais instruites ; prétentieuses, mais non sans quelque finesse et sans quelque agrément. Celles qui prétendaient leur succéder trouvèrent le moyen d'être prétentieuses sans mérite, et pédantes sans instruction. Voulant tout d'un coup s'improviser femmes du monde, elles allèrent chercher dans le *Cyrus* et dans l'*Astrée* les belles manières et le bel air, et des galanteries, dont ces romans sont pleins, elles ne prirent que les niaiseries et les fadeurs. Persuadées que l'esprit aussi se pouvait apprendre, elles pensèrent en trouver la perfection même dans ces petites poésies de salon dont la société de l'hôtel de Rambouillet avait eu l'imprudence de faire son passe-temps, dont la société des *Samedis* avait eu le tort de faire son occupation. Dans ces madrigaux, dans ces stances, dans ces rondeaux, elles crurent que ce qu'il y avait de plus beau était justement ce qu'il y avait de plus difficile à comprendre. Elles s'essayèrent, à leur tour, à trouver des idées qui ne fussent pas accessibles à tout le monde. Elles firent plus : toutes les pensées qui leur parurent trop simples, elles s'appliquèrent à les déguiser sous des expressions singulières [1]. En toute occasion, elles se firent scrupule

1. « Les précieuses, nous dit Somaize, sont fortement persuadées qu'une pensée ne vaut rien lorsqu'elle est entendue de tout le monde, et c'est une de leurs maximes de dire qu'il faut nécessairement qu'une précieuse parle autrement que le peuple, afin que ses pensées ne soient entendues que de ceux qui ont des clartés au-dessus du vulgaire ; et c'est à dessein qu'elles font

d'employer le mot propre, elles ne consentirent à dire les choses que d'une façon détournée, avec un grand luxe d'images et de métaphores longuement suivies. Elles inventèrent ainsi un « haut style [1] » qui n'était que du jargon.

Toutes donnèrent dans ces bizarres travers avec l'exagération qui est ordinaire aux femmes et, comme elles ne se visitaient guère qu'entre elles, comme elles formaient de vraies sociétés d'admiration mutuelle, grisées par les louanges qu'elles se décernaient les unes aux autres sans mesure, elles se persuadèrent de la meilleure foi du monde que, pour avoir fui le naturel, elles avaient atteint le sublime. C'est pourquoi, enchantées de la *qualité* de leur esprit, elles s'appelèrent *Précieuses*.

Une imagination troublée par la lecture des romans, la constante préoccupation de copier Mandane ou Clélie [2], un goût très vif pour la galanterie spirituelle, une résolution de se distinguer à tout prix des autres femmes, une crainte toujours éveillée de penser et de parler simplement, voilà donc les traits distinctifs des précieuses.

On verra plus loin [3] dans quels endroits elles tenaient leurs assemblées, comment les visiteurs et les visiteuses y étaient vêtus, quelle était la posture des uns et des autres. Quant aux sujets favoris de leurs conversations, nous les connaissons aussi. Tantôt on appréciait les auteurs petits et grands, l'on comparait Benserade et Corneille, et le plus souvent on préférait Benserade ; tantôt on analysait un sonnet ou un madrigal pour en bien voir toutes les beautés, tantôt on se communiquait ces « petites nouvelles galantes » dont parle Madelon [4]; on se disait : « Un tel a composé la plus jolie pièce du monde sur un tel sujet; une telle a fait des paroles sur un tel air; celui-là a composé des stances sur une infidélité; monsieur un tel écrivit hier au soir un sixain à mademoiselle une telle, dont elle lui a envoyé

tous leurs efforts pour détruire ce vieux langage, et qu'elles en ont fait un, non seulement qui est nouveau, mais encore qui leur est particulier. » (*Deuxième Dictionnaire*, au mot *morale*.)

1. C'est Gorgibus qui emploie cette expression, sc. v, p. 41.
2. Héroïnes des romans de Mlle de Scudéry, dont nous avons parlé plus haut.
3. Page 46, et appendice IV.
4. Scène v, p. 54.

la réponse ce matin sur les huit heures... » Souvent on traitait des questions de morale amoureuse : on se demandait : « Lequel vaut mieux d'aimer ou d'être aimé [1] », si « l'absence apporte plus de contentement aux amants que la présence », s'il « vaut mieux voir mourir une personne que l'on aime, pourvu que l'on en soit aimé aussi, que de la voir mariée à un autre et n'en être point aimé [2] ». Plus souvent encore on discutait sur la valeur des mots, on condamnait, sans pitié, tous ceux qui n'étaient pas assez nobles ; pour les autres, on déterminait rigoureusement les cas où l'on pouvait s'en servir. Un écrivain du temps parle d'une précieuse qui ne permettait pas de dire : *j'aime le melon* parce que c'était prostituer le mot *j'aime*, et qui n'autorisait pour cet usage que le mot *j'estime*. En même temps on accueillait les locutions nouvelles inventées par des précieux ou des précieuses, et on leur donnait cours. C'était un honneur que d'avoir imaginé une métaphore distinguée. On citait les noms de celles qui, les

1. Voyez Sorel, *le Berger extravagant*, l. XIII.

2. On ne saurait croire jusqu'à quel point on poussait la subtilité dans ces analyses de sentiments. Nous trouvons dans le *Deuxième Dictionnaire des Précieuses* (au mot *Lérine*) une lettre de Lérine (Mlle de la Martinière) à Anaxandre (M. Amat), dans laquelle sont définies et analysées neuf sortes d'estimes :

L'estime d'inclination,
— de préoccupation,
— d'intérêt,
— de reconnaissance,
— d'amitié,
— d'amour,
— d'alliance,
— de complaisance,
— de jalousie.

Anaxandre, à son tour, étudie dans sa réponse douze sortes de soupirs :

Soupirs d'amour,
— d'amitié,
— d'ambition,
— de douleur,
— de jalousie,
— de crainte,
— de vengeance,
— de joie,
— d'impuissance,
— d'incertitude,
— de pitié,

et enfin des soupirs de cour, « lesquels sont, d'ordinaire, des soupirs trompeurs et dangereux, car dans ce lieu l'on n'est amoureux que par politique, jaloux que par grimace, ami qu'en apparence ».

premières, avaient appelé l'eau : *le miroir céleste;* les dents : *l'ameublement de la bouche;* le soleil : *l'époux de la nature;* les oreilles : *les portes de l'entendement;* les joues : *les trônes de la pudeur*[1]; le papier : *l'effronté qui ne rougit pas*. Combien de locutions on pourrait citer plus ridicules encore! On conçoit que La Bruyère ait pu dire, en parlant de ces « bureaux d'esprit » : « L'on a vu, il n'y a pas longtemps, un cercle de personnes des deux sexes liées ensemble par la conversation et par un commerce d'esprit. Ils laissaient au vulgaire l'art de parler d'une manière intelligible; une chose dite entre eux peu clairement en entraînait une autre encore plus obscure, sur laquelle on enchérissait par de vraies énigmes, toujours suivies de longs applaudissements. Par tout ce qu'ils appelaient délicatesse, sentiment, tour et finesse d'expression, ils étaient enfin parvenus à n'être plus entendus et à ne s'entendre pas eux-mêmes[2]. »

De Paris cette singulière maladie se répandit bientôt dans les provinces, où elle ne fit qu'empirer. Il y eut des précieuses à Arles, à Bordeaux, à Poitiers, à Aix, surtout à Lyon. Chapelle et Bachaumont en virent à Montpellier, dans le cours du fameux voyage qu'ils ont raconté d'une façon si plaisante : « Dans une chambre, disent-ils, nous trouvâmes un grand nombre de dames, qu'on nous dit être les plus jolies et les plus spirituelles de la ville, quoique pourtant elles ne fussent ni trop belles, ni trop bien mises. A leurs petites mignardises, leur parler gras et leurs discours extraordinaires, nous crûmes plutôt que c'était une assemblée des précieuses de Montpellier; mais, bien qu'elles fissent de nouveaux efforts à cause de nous, elles ne paraissaient que des précieuses de campagne, et n'imitaient que faiblement les nôtres de Paris. » — En 1665, cinq ans après la comédie de Molière, Fléchier vit aussi à Vichy deux « pecques provinciales » qui n'avaient pas été corrigées; il a raconté, dans son livre sur les *Grands jours d'Auvergne,* la visite qu'elles lui firent et rien n'est

1. On trouvera plus loin (appendice V) d'autres expressions ridicules des précieuses, et aussi quelques métaphores heureuses dont notre langue leur est redevable.

2. *Les Caractères : De la société et de la conversation,* paragraphe 65. — Il est bien évident que La Bruyère fait allusion, dans ce passage, non pas à l'hôtel de Rambouillet, ni même au salon de Mlle de Scudéry, comme on l'a quelquefois prétendu, mais à une assemblée de vraies précieuses.

plus amusant que la peinture de ces précieuses faite par un demi-précieux[1].

Aucune ville, même des plus petites, n'avait échappé à la contagion : il était temps que Molière intervînt. Dans ses tournées en province il avait dû remarquer ces ridicules imitations de la « Chambre bleue ». Arrivé à Paris, il en sentit le danger. Il comprit que la langue et la littérature, auxquelles l'hôtel de Rambouillet avait rendu des services, pouvaient être corrompues par « ces mauvais singes de ce qu'il y eut de plus parfait[2] ». Il comprit que ces coteries, entêtées du subtil et du faux, seraient ennemies déclarées de tout écrivain qui ne parlerait pas leur langage et ne voudrait pas « quitter la nature d'un pas[3] ». Il se résolut donc à faire place nette et, le 18 novembre 1659, il fit jouer *les Précieuses ridicules*.

« Il y parlait haut et ferme, dit Sainte-Beuve, contre le plus irritant ennemi de tout grand poète dramatique au début, le bégueulisme bel esprit, et ce petit goût d'alcôve, qui n'est que dégoût. Lui, l'homme au masque ouvert et à l'allure naturelle,

1. « Faire des vers, dit-il, et venir de Paris sont deux choses qui donnent bien de la réputation dans ces lieux éloignés... Le bruit de ma poésie fit un grand éclat et m'attira deux ou trois précieuses languissantes, qui recherchèrent mon amitié et crurent qu'elles passeraient pour savantes dès qu'onles aurait vues avec moi, et que le bel esprit se prenait aussi par contagion. L'une était d'une taille qui approchait un peu de celle des anciens géants, et, son visage n'étant point proportionné à sa taille, elle avait la figure d'une laide amazone; l'autre était, au contraire, fort petite, et son visage était si couvert de mouches, que je ne pus juger autre chose, sinon qu'elle avait un nez et des yeux. Je pris garde même qu'elle était un peu boiteuse, et surtout je remarquai que l'une et l'autre se trouvaient belles.... La petite, comme plus âgée et de plus mariée, s'adressa à moi : « Ayant de si beaux livres que vous en vez, me dit-elle, et faisant d'aussi beaux vers que vous en faites, il est probable, monsieur, que vous tenez dans Paris un des premiers rangs parmi les beaux esprits, et que vous êtes sur le pied de ne céder à aucun des messieurs de l'Académie. C'est, monsieur, ce qui nous a obligées de venir vous témoigner l'estime que nous faisons de vous. Nous avons si peu de gens polis et bien tournés dans ce pays barbare, que, lorsqu'il en vient quelqu'un de la Cour et du grand monde, on ne saurait assez le considérer. — Pour moi, reprit la grande jeune, quelque indifférente et quelque froide que je paraisse, j'ai toujours aimé l'esprit avec passion, et ayant toujours trouvé que les abbés en ont plus que les autres, j'ai toujours senti une inclination particulière à les honorer. » Je leur répondis, avec un peu d'embarras, que j'étais le plus confus du monde et que je ne méritais pas la bonne opinion qu'elles avaient eue de moi..... »

2. *Les Précieuses ridicules*. Préface.

3. L'expression est de La Fontaine et c'est à Molière qu'elle est appliquée.

il voulut déblayer, avant tout, la scène de ces mesquins embarras pour s'y déployer à l'aise et y établir son droit de franc-parler[1]. »

II

LES ATTAQUES CONTRE LES PRÉCIEUSES AVANT ET APRÈS MOLIÈRE

Si l'attaque de Molière fut décisive, il n'était cependant pas le premier à protester contre la fausse galanterie, le faux bel esprit et le jargon. En 1656, Saint-Evremond[2], un des critiques les plus fins et les plus indépendants du XVIIe siècle, s'était moqué des réunions des précieux et des précieuses dans une amusante satire en prose et en vers intitulée *le Cercle :* il y tournait en ridicule leur goût pour les analyses de sentiments, leurs délicatesses excessives, leur amour si épuré que toute passion en est bannie et qu'il n'est plus qu'un commerce spirituel.

La même année, l'abbé de Pure avait composé un roman en quatre volumes sous ce titre : « *la Précieuse ou le Mystère de la ruelle*, dédiée à telle qui n'y pense pas. » Mais il serait difficile de dire s'il se proposait d'attaquer les précieuses ou de faire leur apologie. Dans les rares passages de ce long roman qui aient quelque intérêt pour nous, il se borne à railler doucement chez elles quelques défauts dont lui-même ne paraît pas avoir été tout à fait exempt.

Quelque diffus et insignifiant qu'il nous paraisse aujourd'hui, ce roman de *la Précieuse* fut très goûté au moment où il parut, tant le public était curieux de savoir ce qui se passait dans ce monde « bizarre et inconnu[3] », où tout le monde n'avait

1. *Portraits littéraires*, t. II, p. 20.
2. Il était, nous l'avons vu, un des habitués de l'hôtel de Rambouillet.
3. L'abbé de Pure.

pas accès. Pour exploiter le succès de son livre, l'abbé de Pure en tira la même année une comédie intitulée aussi *la Précieuse*. Cette pièce, écrite en langue italienne, fut jouée par les comédiens italiens qui y gagnèrent, paraît-il, dix mille écus; mais elle ne fut pas imprimée. On a accusé Molière d'avoir copié la comédie de l'abbé de Pure en se contentant de « l'habiller à la française[1] ». Il paraît qu'il y avait déjà, dans *la Précieuse*, deux valets qui se déguisaient pour plaire à deux femmes, et que leurs maîtres battaient à la fin. Mais ce n'était pas là une invention nouvelle ni qui fût propre à l'abbé de Pure. Bien des auteurs, Scarron entre autres, avaient déjà montré des laquais prenant la place de leurs maîtres. C'était une idée qui appartenait à tout le monde et la pièce de Molière n'aurait pas été un chef-d'œuvre si elle n'avait valu que par cette médiocre intrigue.

Si Molière avait eu des devanciers, il eut aussi des imitateurs. Voyant les applaudissements que recevaient *les Précieuses ridicules*, et la curiosité qu'elles excitaient, un certain Somaize, secrétaire obscur d'une grande dame italienne, essaya de détourner sur lui ce succès. Il composa en toute hâte cinq ouvrages dont les précieuses firent les frais : deux pièces : *les Précieuses ridicules mises en vers*, qui n'étaient qu'une copie versifiée de la comédie de Molière; *les Véritables Précieuses* où il prétendait refaire et corriger cette comédie; un dialogue satirique en vers burlesques : *le Procès des Précieuses;* et enfin deux *Dictionnaires des Précieuses*. On verra, par les citations que nous en avons faites[2], ce que valent les trois premiers ouvrages. Quant aux deux dictionnaires, quoiqu'ils soient l'œuvre d'un esprit médiocre, ils ont pour nous un intérêt réel. Le premier est fort court, il ne renferme qu'un recueil d'expressions singulières imaginées par les précieuses ou qui leur étaient attribuées : un assez grand nombre de ces expressions sont même prises par Somaize dans la pièce de Molière. Le second ouvrage, qui parut un an après[3],

1. Somaize, dans la préface des *Véritables Précieuses*, dit de Molière : « Il est certain qu'il est singe en tout ce qu'il fait,... il a copié *la Précieuse* de M. l'abbé de Pure, jouée par les Italiens. »
2. Voyez appendices II, III et IV.
3. En 1661.

est beaucoup plus considérable. Le titre en est plein de promesses :

Le Grand Dictionnaire des Précieuses, historique, poétique, géographique, cosmographique, chronologique et armoirique, où l'on verra leurs antiquité, coutumes, devises, éloges, études, guerres, hérésies, jeux, lois, langage, mœurs, mariages, morale, noblesse ; avec leurs politique, prédictions, questions, richesses et victoires ; comme aussi les noms de ceux et de celles qui ont jusques ici inventé des mots précieux.

Il s'en faut que nous trouvions tout cela dans l'ouvrage, mais nous y trouvons : 1° une liste par ordre alphabétique des précieux et précieuses sous leurs noms d'emprunt avec des jugements sur leur caractère et leur esprit (cette liste est d'ailleurs faite sans discernement et nous trouvons, mêlés aux noms des plus sottes alcôvistes[1], les noms de Mme de Rambouillet, de Mme de la Fayette, de Mme de Sévigné).

2° Un recueil de termes précieux, assez semblables à ceux du premier dictionnaire, mais qui ont l'avantage d'être signés. Nous savons ainsi qui les a employés pour la première fois et nous sommes sûrs qu'ils sont authentiques.

Nous avons relevé (appendice V) dans les deux dictionnaires les locutions les plus caractéristiques. On se rendra compte, en les parcourant, de l'extrême ridicule où étaient tombées les précieuses, et que, pour les rendre comiques, Molière n'avait pas à forcer leurs traits.

Nous avons placé à la suite quelques expressions heureuses bien plus claires, bien plus françaises que les traductions qu'en donne Somaize, et qui sont tout à fait entrées dans notre langue. Il est probable que ces expressions avaient déjà pris cours à la bonne époque de l'hôtel de Rambouillet, au temps où on ne cherchait que la finesse et pas encore « le fin du fin ».

1. On donnait ce nom aux précieuses, parce qu'elles recevaient ordinairement leurs visiteurs et leurs amis dans l'alcôve de leur chambre à coucher. Voyez plus loin, p. 46, note 2.

III

ANALYSE DE LA PIÈCE DE MOLIÈRE

L'analyse de la pièce de Molière est facile à faire. Ainsi que nous l'avons dit, l'intrigue en est d'une simplicité extrême.

Un bon bourgeois, Gorgibus, vient d'arriver à Paris avec sa fille Madelon et sa nièce Cathos : il voudrait les marier à deux jeunes gens de famille honorable, La Grange et Du Croisy. Mais les deux jeunes filles sont précieuses et coquettes : elles reçoivent les deux prétendants d'une façon si peu civile qu'ils se retirent fort mécontents et décidés à leur jouer quelque tour. (*Scène* I.)

Gorgibus gourmande fort sa fille et sa nièce de leur impertinence et de leur sottise ; mais les deux donzelles ne veulent point si vite arriver au mariage et ne pourraient pas, en tout cas, s'accommoder de maris si bourgeois et si ignorants du bel air des choses. Le bonhomme s'en va furieux, en les traitant de folles. (*Scènes* II *à* V.)

Un instant après, la servante Marotte annonce un visiteur : le marquis de Mascarille. Un marquis ! Voilà de quoi enchanter nos deux précieuses. Celui-ci répond tout à fait à l'idéal qu'elles s'étaient formé ; non seulement il pousse à l'extrême l'élégance de l'ajustement, mais encore il est bel esprit. Après avoir fait admirer sa perruque et ses rubans, il fait admirer ses vers, et les deux sottes s'extasient devant les uns et les autres. Leur ravissement redouble, quand arrive un nouveau gentilhomme, le vicomte de Jodelet. Décidément « elles commencent d'être connues et le beau monde prend le chemin de les venir voir ». Jodelet est un héros ; il a commandé la cavalerie sur les galères de Malte et ailleurs, et il a reçu à la guerre des blessures terribles dont il veut faire voir les cicatrices. On préfère le croire sur parole. La fête ne serait pas complète sans les violons : on les va quérir ainsi que quelques voisines et la danse commence. (*Scènes* VI *à* XIII.)

La Grange et Du Croisy l'interrompent, un bâton à la main; ils se mettent à frapper le marquis et le vicomte, qui ne sont que leurs laquais déguisés. Ils leur font enlever les habits magnifiques dont eux-mêmes les avaient affublés, et ils laissent ainsi dépouillés de tout leur prestige le faux bel esprit et le faux brave. On juge de la confusion des deux précieuses. Gorgibus, qui a tout appris, les traite d'extravagantes et de coquines, et envoie de bon cœur à tous les diables les sottes billevesées, causes de leur folie. (*Scènes* XIV *à* XIX.)

IV

LES PERSONNAGES

Les Précieuses ridicules sont bien plutôt une étude de mœurs qu'une comédie de caractère. Les personnages sont tous très amusants; aucun d'eux n'est créé de toutes pièces, et il ne pouvait en être autrement dans une comédie en un acte que Molière ne donnait modestement que comme une farce.

Quelques figures sont à peine indiquées : celle de Marotte, bonne et simple fille qui ne comprend rien au jargon de ses maîtresses et voudrait bien qu'on lui parlât chrétien; celles de La Grange et de du Croisy, jeunes gens raisonnables et sérieux, non sans malice; celle de Gorgibus, excellent homme un peu vulgaire, dont le gros bon sens et le parler commun font mieux ressortir encore les folies romanesques et le langage prétentieux de sa nièce et de sa fille. Jodelet même est un peu effacé; il n'est, à vrai dire, qu'une doublure de Mascarille, un Mascarille ahuri et quelque peu grossier.

Ce sont le faux marquis et les deux précieuses qui remplissent toute la pièce.

Il n'y a pas dans tout le théâtre de Molière, et peut-être dans tout le théâtre français, de personnage plus étourdissant que Mascarille. Insolent et humble en même temps, insolent avec les porteurs de chaises qu'il ne veut pas payer, humble avec eux quand ils l'ont battu, facétieux sans esprit, galant sans éducation et sans politesse, il s'épanouit dans sa sottise et triomphe dans son superbe aplomb. Il est toujours en mouvement, il fait valoir tous ses avantages et montre tous ses talents, il cause et dit tout ce qu'il sait, il récite ses vers, puis il les chante, il danse enfin et fait la leçon, même aux violons, toujours riant, toujours satisfait de lui, toujours ravi d'avoir enfin trouvé des dupes auxquelles il puisse faire illusion. Quelle création de génie que ce Mascarille! Pouvait-on porter aux héros de ruelles un coup plus terrible qu'en montrant un simple laquais arrivé sans grands efforts à imiter leurs manières et à parler leur langage? N'était-ce point prouver clairement qu'on pouvait se dire précieux sans rien avoir qui eût du prix et que, comme dit Molière, il n'y avait rien de meilleur marché que le bel esprit?

Pour Cathos et Madelon, elles se ressemblent fort; comme elles se sont appliquées à copier les mêmes modèles, on pourrait aisément les prendre l'une pour l'autre et mettre dans la bouche de l'une ce que l'autre dit[1]. Elles sont toutes deux sottes, toutes deux coquettes; elles arrivent toutes deux de province, l'imagination pervertie et le goût faussé par les romans; elles ne connaissent rien de la vie, rien des bonnes manières ni du bon ton; elles se persuadent qu'elles vont faire figure à Paris et elles ne savent pas distinguer un valet déguisé d'un gentilhomme; elles croient s'entendre aux choses de l'esprit et elles se pâment devant les niaiseries rimées que leur débite Mascarille; véritablement précieuses en ce que, par peur de paraître communes, elles ne consentent pas un instant à être naturelles, en ce qu'elles confondent l'affectation avec la distinction, en ce qu'elles croient qu'on les admire quand on ne les comprend pas; précieuses aussi parce qu'elles ne rêvent que galanterie et méprisent le mariage comme un lien trop matériel; précieuses enfin parce que, accoutumées à vivre par la pensée avec les princes et les princesses de roman, elles n'ont pour leur brave homme de père qu'ironie et que dédain.

1. Il faut cependant remarquer que Madelon a plus d'assurance que Cathos; Cathos copie sa cousine, comme Jodelet copie Mascarille.

La « pièce sanglante qu'on leur a jouée » les corrigera-t-elle? Verront-elles leur sottise? Apprendront-elles à « connaître un peu mieux leur monde », comme dit La Grange? Elles sont heureusement assez jeunes pour se guérir de leurs extravagances. Cependant elles n'ont pas un mot de regret : elles ressentent plus de colère que de confusion et ne songent qu'à la vengeance. Faudrait-il supposer qu'elles deviendront seulement plus prudentes et non pas plus sages, qu'elles ne renonceront qu'au jargon et que, restées prétentieuses et infatuées de leur esprit, après avoir été précieuses ridicules, elles deviendront femmes savantes?

V

HISTOIRE DE LA PIÈCE

Les Précieuses ridicules obtinrent, nous l'avons dit, un très vif succès.

Jouées pour la première fois le mardi 18 novembre 1659, sans même avoir été annoncées, elles excitèrent tant d'applaudissements que, dès la seconde représentation, on doubla le prix des places. En moins d'un an, la pièce fut jouée quarante-cinq fois, ce qui était énorme pour l'époque. On rapporte qu'une des premières fois un vieillard s'écria du milieu du parterre : « Courage, Molière, voilà la bonne comédie! » Ménage, qui avait été quelque peu précieux, raconte qu'au sortir de la première représentation il prit par la main Chapelain, qui l'avait été aussi : « Monsieur, lui dit-il, nous approuvions vous et moi toutes les sottises qui viennent d'être critiquées si finement et avec tant de bon sens; mais, croyez-moi, pour me servir de ce que saint Rémy dit à Clovis, il nous faudra brûler ce que nous avons adoré et adorer ce que nous avons brûlé. » « Cela arriva, ajoute Ménage, comme je l'avais prédit, et l'on revint du galimatias et du style forcé dès cette première représentation. » Ménage n'avait peut-être pas été converti comme il avait cru l'être, puisqu'on a pu supposer que Molière avait voulu le représenter dans *les Femmes savantes* sous les traits de Vadius. Ce qui est certain, c'est que la raison et le bon goût avaient si bien pris leur revanche qu'aucune femme ne voulut plus porter le nom de précieuse[1]. La marquise de Rambouillet eut l'esprit de ne pas se croire attaquée : elle applaudit de bon cœur à la confusion des ridicules personnes qui avaient risqué de la compromettre en l'imitant si mal[2], et quelques années plus tard, elle invitait Molière à venir jouer chez elle *l'Ecole des Maris.*

Malgré tous ces encouragements, Molière ne crut pas cependant la partie gagnée. L'esprit précieux n'osait plus trop paraître, mais il n'avait pas tout à fait disparu. Le grand comique lui porta encore quelques coups dans *les Fâcheux*, dans *l'Ecole des Femmes,* dans *la Critique de l'Ecole des Femmes;* enfin, en 1672, un an avant sa mort, il traitait d'une façon plus complète et plus achevée la question de l'éducation des femmes et combattait chez elles non plus le jargon, mais le pédantisme qui est une autre forme de la prétention.

Grâce à tous ces efforts, « on commença, dit Voltaire, à ne plus estimer que le naturel[3] ». « Cependant, ajoute-t-il, l'envie de se distinguer a ramené depuis le style des précieuses : on le retrouve encore dans plusieurs livres modernes. » Et il cite des phrases de quelques écrivains de son temps aussi ridicules que celles de Cathos et de Madelon[4]. Il y avait en effet, au

1. Voyez l'appendice. Dans *la Critique de l'Ecole des femmes*, sc. II, Célimène, si elle ne « se défend pas de la chose », se défend du nom.

2. Bien des témoignages nous attestent que la marquise et ses amis avaient vu de très mauvais œil les extravagances des précieuses. Voici, entre autres, un passage très significatif que nous trouvons dans une lettre de Balzac à Chapelain : « Tout de bon, si j'étais modérateur de la police, j'enverrais filer toutes les femmes qui veulent faire des livres, qui se travestissent par l'esprit, qui ont rompu leur rang dans le monde. Il y en a qui jugent aussi hardiment de nos vers et de notre prose que de leurs points de Gênes et de leurs dentelles... On ne parle jamais du *Cid* qu'elles ne parlent de l'unité du sujet, de la règle des vingt-quatre heures. O sage Arthénice! que votre bon sens et votre modestie valent bien mieux que tous les arguments et toutes les figures qui se débitent chez Mme *** ! »

3. Dans le *Sommaire des Précieuses ridicules,* fait par Voltaire pour une édition de Molière.

4. « L'un (Tourreil, membre de l'Académie française), en traitant sérieusement de nos lois, appelle un exploit un *compliment timbré.* Un deuxième (La Motte) appelle un cadran au soleil *un greffier solaire;* une grosse rave, *un*

XVIIIe siècle, comme un réveil de l'esprit précieux : heureusement cela ne dura point[1].

Aujourd'hui ce n'est pas par excès de délicatesse ni de scrupule que pèchent la plupart de nos auteurs : s'ils écrivent mal, ce n'est pas par trop grande envie de bien écrire. La charmante comédie des *Précieuses* nous sera cependant toujours utile : nous ne saurons jamais trop que les choses les mieux dites sont celles qui sont dites le plus simplement, et que la meilleure manière d'être entendu, c'est encore d'appeler un chat un chat, comme Boileau[2].

phénomène potager. Ce style a reparu sur le théâtre même où Molière l'avait si bien tourné en ridicule (allusion à Marivaux). »

1. Et grâce encore à la comédie de Molière. *Les Précieuses Ridicules* furent jouées plus de deux cents fois sous le règne de Louis XV.

2. « J'appelle un chat un chat... » (Boileau, *Satire I*.)

LES

PRÉCIEUSES RIDICULES

PREFACE DE MOLIÈRE

C'est une chose étrange qu'on imprime les gens malgré eux. Je ne vois rien de si injuste, et je pardonnerais toute autre violence plutôt que celle-là.

Ce n'est pas que je veuille faire ici l'auteur modeste et mépriser par honneur ma comédie. J'offenserais mal à propos tout Paris, si je l'accusais d'avoir applaudi à une sottise ; comme le public est le juge absolu de ces sortes d'ouvrages, il y aurait de l'impertinence à moi de le démentir, et quand j'aurais eu la plus mauvaise opinion du monde de mes *Précieuses ridicules* avant leur représentation, je dois croire maintenant qu'elles valent quelque chose, puisque tant de gens ensemble en ont dit du bien [1] ; mais comme une grande partie des grâces qu'on y a trouvées dépendent de l'action et du ton de voix [2], il m'importait qu'on ne les dépouillât

1. Molière accepta toujours avec cette même modestie les jugements du public. « Je m'en remets, dit-il dans l'*Avertissement* des *Fâcheux*, aux décisions de la multitude, et je tiens aussi difficile de combattre un ouvrage que le public approuve que d'en défendre un qu'il condamne. »

2. Molière, aussi bon comédien que grand écrivain, revient souvent sur cette idée que les pièces sont faites pour être vues, non pour être lues, et qu'on ne peut bien les apprécier qu'au théâtre. Il dit dans l'*Épître au lecteur* qui précède *l'Amour médecin* : « Il n'est pas nécessaire de vous avertir qu'il y a beaucoup de choses qui dépendent de l'action : on sait bien que les comédies ne sont faites que pour être jouées, et je ne conseille de lire celle-ci

pas de ces ornements, et je trouvais que le succès qu'elles avaient eu dans la représentation était assez beau pour en demeurer là. J'avais résolu, dis-je, de ne les faire voir qu'à la chandelle, pour ne point donner lieu à quelqu'un de dire le proverbe[1], et je ne voulais pas qu'elles sautassent du théâtre de Bourbon dans la Galerie du Palais[2]. Cependant, je n'ai pu l'éviter, et je suis tombé dans la disgrâce de voir une copie[3] dérobée de ma pièce entre les mains des libraires, accompagnée d'un privilège obtenu par surprise. J'ai eu beau crier : « O temps! ô mœurs[4]! » on m'a fait voir une nécessité pour moi d'être imprimé ou d'avoir un procès[5], et le dernier mal est encore pire que le premier. Il faut donc

qu'aux personnes qui ont des yeux pour découvrir dans la lecture tout le jeu du théâtre. »

Les auteurs dramatiques d'aujourd'hui ont sur ce point des idées bien différentes, dont il ne serait pas difficile de trouver l'explication dans un nouvel état des esprits et dans les points de contact du théâtre et de la presse. « Les œuvres de théâtre, dit M. Alexandre Dumas fils, ne sont pas écrites seulement pour ceux qui viennent au théâtre; elles sont écrites aussi, et surtout, pour ceux qui n'y viennent pas. Le spectateur ne fait que le succès, le lecteur fait la renommée. C'est parce qu'on lira et relira toujours les chefs-d'œuvre dramatiques du XVIIe siècle qu'on les représentera et qu'on les applaudira toujours... Œuvre qu'on lit, œuvre qui dure; œuvre qu'on relit, œuvre qui reste. » (Préface de *la Princesse Georges.*)

1. Chandelle se dit proverbialement en ces phrases : *Cette femme est belle à la chandelle, mais le jour gâte tout*, pour dire que la grande lumière fait aisément découvrir ses défauts. » (Dictionnaire de Furetière, 1690.)

2. C'était sur le théâtre de Bourbon, ou plus exactement du Petit-Bourbon, que Molière avait débuté à Paris. Le roi lui avait permis d'y jouer alternativement avec les comédiens italiens. Il quitta cette salle au commencement de 1661 pour établir sa troupe au Palais-Royal.

La galerie du Palais de justice, qui a inspiré à Corneille une de ses premières comédies (*la Galerie du palais*, 1634), était garnie de boutiques de libraires où se vendaient les nouveautés.

La phrase de Molière veut donc dire : « Je ne voulais pas qu'après avoir été *jouées, les Précieuses ridicules* fussent *imprimées.* »

3. Un libraire peu scrupuleux, Ribou, avait obtenu un privilège pour publier sans l'autorisation de Molière *les Précieuses ridicules.* Molière obtint que ce privilège fût supprimé et, pour éviter de semblables démêlés, fit imprimer lui-même sa pièce par le libraire de Luynes. Il ne put toutefois empêcher Ribou d'exploiter le succès de sa pièce en publiant *les Véritables Précieuses* de Somaize, et *les Précieuses mises en vers* du même auteur, qui n'étaient guère qu'une contrefaçon.

4. Allusion à une célèbre apostrophe des *Catilinaires* que les avocats du temps, grands admirateurs de Cicéron, imitaient souvent dans leurs plaidoyers.

5. Cette tournure n'est plus usitée ; il faudrait dire aujourd'hui : On m'a fait voir qu'il était nécessaire que je fusse imprimé ou que j'eusse un procès, ce qui est très lourd.

se laisser aller à la destinée et consentir à une chose qu'on ne laisserait pas de faire sans moi.

Mon Dieu, l'étrange embarras qu'un livre à mettre au jour, et qu'un auteur est neuf la première fois qu'on l'imprime[1]! Encore si l'on m'avait donné du temps, j'aurais pu mieux songer à moi, et j'aurais pris toutes les précautions que messieurs les auteurs, à présent mes confrères[2], ont coutume de prendre en semblables occasions. Outre quelque grand seigneur que j'aurais été prendre, malgré lui, pour protecteur de mon ouvrage et dont j'aurais tenté la libéralité par une épître dédicatoire bien fleurie[3], j'aurais tâché de faire une belle et docte préface, et je ne manque point de livres qui m'auraient fourni tout ce qu'on peut dire de savant sur la tragédie et la comédie, l'étymologie de toutes deux, leur origine, leur définition, et le reste[4]. J'aurais parlé aussi à mes amis, qui, pour la recommandation de ma pièce, ne m'auraient pas refusé ou des vers français, ou des vers latins. J'en ai même qui m'auraient loué en grec, et l'on n'ignore pas qu'une louange en grec est d'une merveilleuse efficace à la tête d'un livre; mais on me met au jour[5] sans me donner le loisir de me reconnaître, et je ne puis même obtenir la liberté de dire deux mots pour justifier mes intentions

1. *Les Précieuses ridicules* sont en effet la première pièce de Molière qui ait été imprimée. *L'Étourdi*, qui avait été représenté cinq ou six ans avant, ne fut publié qu'en 1663.

2. On voit que Molière, quoiqu'il eût déjà composé plusieurs ouvrages pour le théâtre, ne se considérait pas encore comme un auteur, parce qu'il n'avait rien fait imprimer.

3. Les écrivains du temps avaient coutume de dédier leurs livres à quelque grand seigneur, qui leur payait en écus leurs compliments exagérés. Corneille, qui, comme on le sait, était très gêné, recourut trop souvent à cette sorte de mendicité littéraire. Il eut particulièrement la faiblesse de dédier *Cinna* à M. de Montoron, financier vaniteux et sot, et de comparer à Auguste cet homme qui n'avait pas d'autre mérite que son argent. — Quelques rares écrivains, dont fut Molière, protestèrent contre un tel usage au nom de la dignité des gens de lettres. Scarron, entre autres, tourna en ridicule ces auteurs « qui faisaient les gueux en vers et en prose », en dédiant un de ses ouvrages à « très honnête et divertissante chienne Guillemette ».

4. On sait que Molière était très instruit. Même après avoir quitté le collège, il avait conservé le goût des études sérieuses et l'amour des livres.

5. On publie ma pièce.

sur le sujet de cette comédie. J'aurais voulu faire voir qu'elle se tient partout dans les bornes de la satire honnête et permise ; que les plus excellentes choses sont sujettes à être copiées par de mauvais singes, qui méritent d'être bernés [1]; que ces vicieuses imitations de ce qu'il y a de plus parfait ont été de tout temps la matière de la comédie, et que par la même raison que les véritables savants et les vrais braves ne se sont point encore avisés de s'offenser du Docteur de la comédie [2] et du Capitan [3], non plus que les juges, les princes et les rois de voir Trivelin [4] ou quelque autre, sur le théâtre, faire ridiculement le juge, le prince ou le roi ; aussi les véritables précieuses auraient tort de se piquer lorsqu'on joue les ridicules qui les imitent mal. Mais enfin, comme j'ai dit, on ne me laisse pas le temps de respirer, et M. de Luynes [5] veut m'aller faire relier [6] de ce pas : à la bonne heure [7], puisque Dieu l'a voulu.

1. Cf. la notice.

2. *Le Docteur* était un des personnages de cette comédie italienne, si goûtée en France au XVIIe et au XVIIIe siècle, et dont les types ne variaient pas. Il représentait un savant ridicule, prétentieux et sot.

3. *Le Capitan* était, dans la comédie italienne, le soldat fanfaron, le faux brave, qui contait des prouesses imaginaires et s'amusait à terroriser les gens assez naïfs pour le prendre au sérieux. Le *Matamore* que Corneille a représenté dans *l'Illusion comique* peut nous donner quelque idée de ce qu'était *le Capitan.*

4. Trivelin était un valet de la comédie italienne, assez semblable à Arlequin.

5. Guillaume de Luynes était le libraire qui publia la première édition des *Précieuses ridicules.*

6. « Veut aller faire relier mon ouvrage. » Au XVIIe siècle, les livres ne se vendaient guère que reliés.

7. Voir le lexique. Nous ne renvoyons que très rarement au lexique; mais on y trouvera toujours l'explication des locutions qui ne s'emploient plus aujourd'hui ou qui ne sont pas très faciles à comprendre.

LES

PRÉCIEUSES RIDICULES

(COMÉDIE)

PERSONNAGES		ACTEURS qui créèrent les rôles.
LA GRANGE[1],	Amants rebutés.	LA GRANGE.
DU CROISY,		DU CROISY.
GORGIBUS, bon bourgeois.		L'EPY.
MADELON[2], fille de Gorgibus.	Précieuses ridicules.	Mlle DEBRIE.
CATHOS, nièce de Gorgibus.		Mlle DU PARC[3].
MAROTTE, servante des précieuses ridicules.		MADELEINE BÉJART[4].
ALMANZOR[5], laquais des précieuses ridicules.		(?)

1. La Grange et du Croisy étaient les noms des comédiens qui jouaient les deux rôles : ces deux acteurs, qui avaient déjà couru la province, venaient d'entrer dans la troupe de Molière. La Grange fut un des meilleurs élèves du grand comique et son meilleur ami : nous avons de lui un registre extrêmement précieux qu'on a imprimé et sur lequel sont consignées toutes les représentations de la troupe de Molière et les recettes qu'elles firent, de 1659 à 1685.

2. Madelon est le diminutif de Madeleine, Cathos ou Cateau celui de Catherine.

3. Mlle du Parc était une excellente comédienne. Elle se sépara de Molière en 1667, sur les conseils de Racine, et alla jouer dans la troupe rivale de l'Hôtel de Bourgogne. Molière ne pardonna pas à Racine de l'avoir privé d'une de ses actrices les plus intelligentes et les deux grands poètes cessèrent de se voir, sans cesser de s'estimer.

4. Madeleine Béjart était la sœur aînée d'Armande, que Molière épousa. Bonne comédienne, fort aimée du public qui put l'applaudir pendant trente-cinq ans, elle fut toujours pour son beau-frère une amie sincère et dévouée. — Marotte est un diminutif de Marie fort répandu en Normandie.

5. Les précieuses ont naturellement donné à leur laquais le nom d'un héros de roman. Le prince Almanzor était un des personnages les plus intéressants et les plus malheureux du roman de Gomberville intitulé : *Polexandre*.

LE MARQUIS DE MASCARILLE[1], valet de La Grange.	MOLIÈRE[2].
LE VICOMTE DE JODELET, valet de du Croisy.	JODELET[3].
DEUX PORTEURS DE CHAISES.	
VOISINES.	
VIOLONS.	

La scène est à Paris, dans la maison de Gorgibus.

1. Mascarille vient de *Mascarilla*, petit masque que portaient certains acteurs dans la Comédie italienne. Le valet si amusant de *l'Étourdi* s'appelait déjà Mascarille.

2. On voit que c'est Molière lui-même qui faisait Mascarille : c'est en effet le rôle important de la pièce. Molière qui était, de l'avis même de ses ennemis, un merveilleux comédien, jouait ce personnage de Mascarille avec tant de verve, tant d'éclat et tant d'amusante folie, que Somaize, quand il l'attaque, l'appelle toujours Mascarille, avec un dédain sous lequel perce l'envie.

3. Jodelet était un des plus célèbres comédiens du temps. Le visage très pâle et souvent même couvert de farine, l'œil toujours étonné, il jouait avec une perfection rare les personnages ahuris et les valets un peu grossiers. Il avait fait à lui seul le succès de beaucoup de pièces et donné son nom à quelques-unes : *Jodelet ou le Maître valet*, *Jodelet duelliste* de Scarron, *Jodelet prince* de Thomas Corneille.

Il ne put pas tenir longtemps le rôle du vicomte : il mourut cinq mois après la première représentation des *Précieuses*.

LES

PRÉCIEUSES RIDICULES

SCÈNE PREMIÈRE

LA GRANGE, DU CROISY.

DU CROISY.

Seigneur[1] La Grange...

LA GRANGE.

Quoi?

DU CROISY.

Regardez-moi un peu sans rire.

LA GRANGE.

Eh bien?

DU CROISY.

Que dites-vous de notre visite? En êtes-vous fort satisfait?

LA GRANGE.

A votre avis, avons-nous sujet de l'être tous deux?

DU CROISY.

Pas tout à fait, à dire vrai.

1. La Grange n'est pas gentilhomme; le mot *Seigneur* est un terme de civilité, moitié sérieux, moitié plaisant, qu'on employait souvent dans les comédies du XVIIe siècle et qui devait être la traduction du *Signor* (Monsieur) de la comédie italienne.

LA GRANGE.

Pour moi, je vous avoue que j'en suis tout scandalisé. A-t-on jamais vu, dites-moi, deux pecques provinciales faire plus les renchéries que celles-là, et deux hommes traités avec plus de mépris que nous? A peine ont-elles pu se résoudre à nous faire donner des sièges. Je n'ai jamais vu tant parler à l'oreille qu'elles ont fait entre elles, tant bâiller, tant se frotter les yeux, et demander tant de fois : quelle heure est-il[1] ? Ont-elles répondu que oui, et non, à tout ce que nous avons pu leur dire? Et ne m'avouerez-vous pas enfin que, quand nous aurions été les dernières personnes du monde, on ne pouvait nous faire pis qu'elles ont fait[2] ?

DU CROISY.

Il me semble que vous prenez la chose fort à cœur.

LA GRANGE.

Sans doute, je l'y prends[3], et de telle façon que je me veux venger de cette impertinence[4]. Je connais ce qui nous a fait mépriser. L'air précieux n'a pas seulement infecté Paris ; il s'est aussi répandu dans les provinces[5], et nos donzelles ridicules en ont humé leur bonne part. En un mot, c'est un ambigu de précieuse et de coquette que leur personne. Je vois ce qu'il faut être, pour en être bien reçu, et si vous m'en croyez, nous leur jouerons tous deux une pièce, qui

1. Voy. *le Misanthrope*, II, v :

> Cependant sa visite, assez insupportable,
> Traîne en une longueur encore épouvantable ;
> Et l'on demande l'heure, et l'on bâille vingt fois,
> Qu'elle grouille aussi peu qu'une pièce de bois.

2. Voici déjà un premier trait du caractère de nos deux précieuses : elles sont mal élevées.

3. Voy. le lexique au mot : Y.

4. Cette phrase forme deux vers *blancs*, c'est-à-dire qui ne riment pas :

> Sans doute, je l'y prends, et de telle façon
> Que je me veux venger de cette impertinence.

Ces sortes de vers abondent dans les pièces en prose de Molière. Dans quelques-unes, comme *le Sicilien ou l'Amour peintre*, dans quelques passages célèbres de *Don Juan*, ils sont si fréquents qu'on s'est demandé si Molière, en composant ces pièces, ne se proposait pas de les reprendre pour les écrire en vers.

5. Voy. la notice.

leur fera voir leur sottise, et pourra leur apprendre à connaître un peu mieux le monde.

DU CROISY.

Et comment encore[1] ?

LA GRANGE.

J'ai un certain valet nommé Mascarille, qui passe, au sentiment de beaucoup de gens, pour une manière de bel esprit; car il n'y a rien à meilleur marché que le bel esprit maintenant. C'est un extravagant, qui s'est mis dans la tête de vouloir faire l'homme de condition. Il se pique ordinairement de galanterie et de vers, et dédaigne les autres valets, jusqu'à les appeler brutaux.

DU CROISY.

Hé bien! qu'en prétendez-vous faire?

LA GRANGE.

Ce que j'en prétends faire? Il faut... Mais sortons d'ici auparavant[2].

SCÈNE II

GORGIBUS, DU CROISY, LA GRANGE.

GORGIBUS.

Hé bien! vous avez vu ma nièce et ma fille; les affaires iront-elles bien? Quel est le résultat de cette visite?

1. Nous dirions aujourd'hui : Mais encore, comment?

2. Molière aurait pu mettre sous les yeux du spectateur l'entrevue des deux précieuses et de leurs prétendants. Il a préféré la faire raconter par les deux amants rebutés. Comme Cathos et Madelon resteront sur le théâtre pendant douze scènes, comme elles se feront connaître tout à leur aise dans les SCÈNES V, X et XII, qui sont les plus importantes de la comédie, Molière pouvait craindre que le public se fatiguât de leurs personnes, si elles paraissaient trop tôt. C'était de plus un excellent moyen d'éveiller la curiosité des spectateurs, que de ne point les montrer dans le commencement. C'est pour la même raison que, dans le *Tartuffe*, Molière a retardé l'entrée de Tartuffe jusqu'au IIIe acte.

LA GRANGE.

C'est une chose que vous pourrez mieux apprendre d'elles que de nous. Tout ce que nous pouvons vous dire, c'est que nous vous rendons grâce de la faveur que vous nous avez faite [1], et demeurons vos très humbles serviteurs.

GORGIBUS.

Ouais [2] ! il semble qu'ils sortent mal satisfaits d'ici. D'où pourrait venir leur mécontentement ? Il faut savoir un peu ce que c'est. Holà !

SCÈNE III

MAROTTE, GORGIBUS.

MAROTTE.

Que désirez-vous, monsieur ?

GORGIBUS.

Où sont vos maîtresses ?

MAROTTE.

Dans leur cabinet.

GORGIBUS.

Que font-elles ?

MAROTTE.

De la pommade pour les lèvres.

GORGIBUS.

C'est trop pommadé. Dites-leur qu'elles descendent.

1. Gorgibus avait autorisé La Grange et Du Croisy à faire leur cour à sa fille et à sa nièce.

2. Cette exclamation, qui marquait la surprise, n'est plus guère usitée aujourd'hui.

SCÈNE IV

GORGIBUS.

Ces pendardes-là, avec leur pommade, ont, je pense, envie de me ruiner. Je ne vois partout que blancs d'œufs, lait virginal[1], et mille autres brimborions que je ne connais point. Elles ont usé, depuis que nous sommes ici, le lard d'une douzaine de cochons, pour le moins[2]; et quatre valets vivraient tous les jours des pieds de mouton[3] qu'elles emploient[4].

SCÈNE V

MADELON, CATHOS, GORGIBUS.

GORGIBUS.

Il est bien nécessaire, vraiment, de faire tant de dépense pour vous graisser le museau[5]. Dites-moi un peu ce que vous avez fait à ces messieurs, que je les vois sortir avec tant de froideur? Vous avais-je pas commandé de les rece-

1. Les blancs d'œufs et le lait virginal étaient des cosmétiques qui devaient donner au teint la fraîcheur et la beauté. Le lait virginal était fait avec du vinaigre, de l'eau de rose, de l'alun et une foule d'autres ingrédients.

2. Ceci ne devait pas être trop exagéré. Les recettes du temps nous apprennent que pour faire de l'*eau de lard*, qui s'employait aussi pour la toilette, « il fallait prendre deux livres de la gorge d'un porc mâle qui fut bien gras ».

3. Pour faire la *pommade de pieds de mouton*, il ne fallait pas moins de « cinq ou six douzaines de pieds de mouton, que l'on faisait bouillir deux jours avant la pleine lune ».

4. On voit que La Grange n'avait pas mal jugé Cathos et Madelon, en disant qu'elles étaient aussi coquettes que précieuses.

5. C'est à dessein que Molière met dans la bouche de Gorgibus des expressions aussi triviales, cela fait mieux valoir encore le « haut style » de sa nièce et de sa fille. On conçoit d'ailleurs que le bonhomme soit exaspéré par toutes les extravagances des deux *pecques* et qu'il ne songe plus à ménager ses termes.

voir comme des personnes que je voulais vous donner pour maris ?

MADELON.

Et quelle estime, mon père, voulez-vous que nous fassions du procédé irrégulier de ces gens-là?

CATHOS.

Le moyen, mon oncle, qu'une fille un peu raisonnable se pût accommoder de leur personne ?

GORGIBUS.

Et qu'y trouvez-vous à redire?

MADELON.

La belle galanterie que la leur! Quoi! débuter d'abord par le mariage[1]!

GORGIBUS.

Et par où veux-tu donc qu'ils débutent? par le concubinage? N'est-ce pas un procédé dont vous avez sujet de vous louer toutes deux, aussi bien que moi? Est-il rien de plus obligeant que cela? Et ce lien sacré où ils aspirent n'est-il pas un témoignage de l'honnêteté de leurs intentions?

MADELON.

Ah! mon père, ce que vous dites là est du dernier bourgeois. Cela me fait honte[2] de vous ouïr parler de la sorte, et vous devriez un peu vous faire apprendre le bel air des choses.

GORGIBUS.

Je n'ai que faire ni d'air ni de chanson[3]. Je te dis que

1. Dans leur dédain pour tout ce qui n'était pas purement spirituel, les Précieuses considéraient le mariage comme une dure nécessité à laquelle il fallait se résoudre le plus tard possible. Il leur répugnait même d'en prononcer le nom et pour dire : le mariage, elles disaient : l'*abîme de la liberté*, ou encore : l'*amour fini*.

2. Autre trait de caractère des Précieuses : elles rougissent de leurs parents.

3. Cette boutade n'a rien de bien relevé ; mais le gros bon sens de Gorgibus ne peut pas s'exprimer par des reparties bien fines. C'est un des grands

le mariage est une chose sainte et sacrée, et que c'est faire en honnêtes gens que de débuter par là.

MADELON.

Mon Dieu! que si tout le monde vous ressemblait, un roman serait bientôt fini[1]! La belle chose que ce serait si d'abord Cyrus épousait Mandane, et qu'Aronce de plain-pied fût marié à Clélie[2]!

GORGIBUS.

Que me vient conter celle-ci!

MADELON.

Mon père, voilà ma cousine, qui vous dira, aussi bien que moi, que le mariage ne doit jamais arriver qu'après les autres aventures. Il faut qu'un amant, pour être agréable, sache débiter les beaux sentiments, pousser le doux, le tendre et le passionné, et que sa recherche soit dans les formes. Premièrement il doit voir au temple[3], ou à la promenade, ou dans quelque cérémonie publique, la personne dont il devient amoureux; ou bien être conduit fatalement chez elle, par un

mérites de Molière de n'avoir jamais cherché à faire de l'esprit par la bouche de ses personnages et de ne leur avoir jamais prêté que des plaisanteries qu'ils étaient capables de trouver.

Dans l'*Ecole des Femmes*, Arnolphe fait aussi quelques bons mots qui ne sont pas très délicats. Mais, comme Molière a pris soin de le dire lui-même dans la *Critique* (sc. VII): « Ces mots ne sont plaisants que par reflexion à Arnolphe : et l'auteur n'a pas mis cela pour être de soi un bon mot, mais seulement *pour une chose qui caractérise l'homme.* » Gorgibus et Arnolphe ont l'esprit que doivent avoir un Gorgibus et un Arnolphe, et non l'esprit de Molière. Le grand comique a assez de puissance créatrice pour détacher de lui-même, en quelque sorte, les personnages auxquels il a donné la vie : il les jette sur la scène et ils y vivent de leur existence propre, ils y jouent le rôle pour lequel ils sont faits, ils y parlent un langage qui est à eux.

1. Madelon, on le voit, a décidé de régler sa vie sur le modèle des romans qu'elle a lus. Elle croirait manquer aux règles de la galanterie en commençant par le mariage « qui ne doit arriver, dit-elle, plus loin, qu'après les autres aventures ».

2. Cyrus et Mandane étaient les deux principaux personnages du fameux roman de Mlle de Scudéry : *Artamène ou le grand Cyrus.* Aronce et Clélie sont le héros et l'héroïne de *la Clélie,* autre roman de Mlle de Scudéry. Chacun de ces romans a dix volumes et les amants n'y sont unis qu'après de longues épreuves et de non moins longues dissertations.

3. A l'église. Par respect pour la religion, on n'osait pas employer le mot *église*, dans les écrits profanes.

parent, ou un ami, et sortir de là tout rêveur et mélancolique. Il cache, un temps, sa passion à l'objet aimé, et cependant lui rend plusieurs visites, où l'on ne manque jamais de mettre sur le tapis une question galante[1], qui exerce les esprits de l'assemblée. Le jour de la déclaration arrive, qui se doit faire ordinairement dans une allée de quelque jardin, tandis que la compagnie s'est un peu éloignée; et cette déclaration est suivie d'un prompt courroux, qui paraît à notre rougeur[2], et qui, pour un temps, bannit l'amant de notre présence. Ensuite il trouve moyen de nous apaiser, de nous accoutumer insensiblement au discours de sa passion, et de

1. Voy. la Notice.

2. On voit que tout est réglé par avance. Rien n'est livré au hasard ni aux transports de la passion. L'amour n'est point, chez les précieuses, une inclination instinctive et subite. C'est un sentiment artificiel qui naît artificiellement, qui se développe de même et dont toutes les étapes sont fixées par le code de la galanterie. On ne peut être amoureux que dans les formes : c'est une science qui s'apprend. Dans le *Récit de la farce des Précieuses*, dont nous donnons (Appendice) un important extrait, Mlle Desjardins a mis en assez jolis vers les *Règles de l'amour précieux* que formule ici Madelon; voici quelques-unes de ces *Règles :*

I.

Pour aider à la sympathie,
Le hasard, bien souvent, se met de la partie.
On se rencontre au cours, au temple, dans un bal :
C'est là que du roman on commence l'histoire,
Et que les traits d'un œil fatal
Remportent sur un cœur une illustre victoire.

II.

Puis on cherche l'occasion
De visiter la Demoiselle :
On la trouve encore plus belle,
Et l'on sent augmenter aussi sa passion.
Lors on chérit la solitude,
L'on ne repose plus la nuit,
L'on hait le tumulte et le bruit,
Sans savoir le sujet de son inquiétude.

III.

Puis on déclare son amour,
Et dans cette grande journée
Il se faut retirer dans une sombre allée,
Rougir et pâlir tour à tour,

tirer de nous cet aveu qui fait tant de peine [1]. Après cela viennent les aventures, les rivaux qui se jettent à la traverse d'une inclination établie, les persécutions des pères, les jalousies conçues sur de fausses apparences, les plaintes, les désespoirs, les enlèvements, et ce qui s'ensuit [2]. Voilà comme les choses se traitent dans les belles manières, et ce sont des règles dont, en bonne galanterie, on ne saurait se dispenser; mais en venir de but en blanc à l'union conjugale! ne faire l'amour qu'en faisant le contrat du mariage, et prendre justement le roman par la queue! Encore un coup, mon père, il ne se peut rien de plus marchand que ce procédé, et j'ai mal au cœur de la seule vision que cela me fait [3].

GORGIBUS.

Quel diable de jargon entends-je ici? Voici bien du haut style.

CATHOS.

En effet, mon oncle, ma cousine donne dans le vrai de la chose. Le moyen de bien recevoir des gens qui sont tout à fait incongrus en galanterie! Je m'en vais gager qu'ils n'ont

Sentir des frissons, des alarmes,
Enfin se jeter à genoux,
Et dire, en répandant des larmes,
A mots entrecoupés : « Hélas! je meurs pour vous! »

IV.

Ce téméraire aveu met la dame en colère;
Elle quitte l'amant, lui défend de la voir.
Lui, que ce procédé réduit au désespoir,
Veut guérir par la mort l'excès de sa misère....
— Mais d'un charmant objet la puissance suprême
Rappelle du trépas par un seul : « Je vous aime. »

1. Cette pudeur est aussi fausse que l'amour auquel on la sacrifie. Les précieuses ne sont pas loin d'être des prudes. Madelon vieillie, aigrie par les déceptions, ne ressemblera-t-elle pas à l'Arsinoé du *Misanthrope* ?

2. Voilà tous les bonheurs que rêve Madelon, voilà les aventures qu'elle espère trouver à Paris. Elle se résignerait volontiers aux jalousies, aux plaintes, et aux désespoirs, elle se laisserait même enlever d'assez bonne grâce. L'enlèvement était, dans les romans, une aventure tout à fait commune. Mandane, dont Madelon parle plus haut, est enlevée quatre fois dans le *Grand Cyrus*.

3. Il faut rapprocher de ce passage la scène des *Femmes savantes* où Armande parle du mariage avec le même dégoût que Madelon.

jamais vu la carte de *Tendre*[1], et que *Billets-Doux, Petits-Soins, Billets-Galants*, et *Jolis-Vers* sont des terres inconnues pour eux. Ne voyez-vous pas que toute leur personne marque cela, et qu'ils n'ont point cet air qui donne d'abord bonne opinion des gens? Venir en visite amoureuse avec une jambe tout unie[2], un chapeau désarmé de plumes, une tête irrégulière en cheveux, et un habit qui souffre une indigence de rubans! Mon Dieu, quels amants sont-ce là! Quelle frugalité d'ajustement, et quelle sécheresse de conversation! On n'y dure point, on n'y tient pas. J'ai remarqué encore que leurs rabats[3] ne sont pas de la bonne faiseuse, et qu'il s'en faut plus d'un grand demi-pied que leurs hauts-de-chausses[4] ne soient assez larges.

GORGIBUS.

Je pense qu'elles sont folles toutes deux, et je ne puis rien comprendre à ce baragouin. Cathos, et vous, Madelon...

MADELON.

Eh! de grâce, mon père, défaites-vous de ces noms étranges, et nous appelez autrement.

1. Mlle de Scudéry avait fait dans le premier volume de sa *Clélie* une carte du royaume de *Tendre*, sur laquelle étaient marqués les divers chemins qu'il fallait suivre en bonne galanterie pour arriver aux trois villes de *Tendre*, c'est-à-dire pour gagner le cœur d'une belle. La route la plus rapide était de suivre le cours du fleuve d'*Inclination* qui allait tout droit de la ville de *Nouvelle-Amitié* à *Tendre-sur-Inclination*. En prenant à droite on passait par les villages de *Jolis-Vers, Billets-Galants, Billets-Doux, Grand-Cœur, Générosité, Respect* et on arrivait à *Tendre-sur-Estime*. En prenant à gauche, par *Soumission, Petits-Soins, Empressement, Grands-Services*, on arrivait à *Tendre-sur-Reconnaissance*. Mais, si l'on s'égarait, on courait risque d'atteindre le *lac d'Indifférence* en passant par les villages de *Négligence*, de *Tiédeur*, de *Légèreté* et d'*Oubli*, ou même d'aller se perdre dans la *mer d'Inimitié*, après avoir traversé *Indiscrétion, Perfidie et Médisance*.

Les précieuses eurent la sottise de prendre au sérieux cette singulière géographie que Mlle de Scudéry n'avait, sans doute, considérée que comme un amusement.

2. Une jambe tout unie : une jambe sans *canons*. (Voy. ce mot dans le Lexique.)

3. Les gens à la mode portaient de grands rabats en dentelles qui leur tombaient très bas sur la poitrine.

4. Le haut-de-chausses était une espèce de culotte qui, tantôt s'arrêtait au genou, tantôt descendait jusqu'aux pieds. Les gens du bel air portaient à ce moment le haut-de-chausses très large. Molière, dans l'*Ecole des Maris*, I, I, parle de « ces cotillons, appelés hauts-de-chausses ».

GORGIBUS.

Comment, ces noms étranges? Ne sont-ce pas vos noms de baptême?

MADELON.

Mon Dieu, que vous êtes vulgaire! Pour moi, un de mes étonnements, c'est que vous ayez pu faire une fille si spirituelle que moi. A-t-on jamais parlé, dans le beau style, de Cathos ni de Madelon? et ne m'avouerez-vous pas que ce serait assez d'un de ces noms, pour décrier le plus beau roman du monde?

CATHOS.

Il est vrai, mon oncle, qu'une oreille un peu délicate pâtit furieusement à entendre prononcer ces mots-là, et le nom de Polixène, que ma cousine a choisi, et celui d'Aminte, que je me suis donné, ont une grâce dont il faut que vous demeuriez d'accord [1].

GORGIBUS.

Écoutez: il n'y a qu'un mot qui serve. Je n'entends point que vous ayez d'autres noms que ceux qui vous ont été donnés par vos parrains et marraines; et pour ces messieurs dont il est question, je connais leurs familles et leurs biens, et je veux résolument que vous vous disposiez à les recevoir pour maris. Je me lasse de vous avoir sur les bras, et la garde de deux filles est une charge un peu trop pesante pour un homme de mon âge [2].

1. Toutes les précieuses se faisaient un devoir de s'affubler d'un nom d'emprunt, pris dans quelque roman. C'était sous ces noms-là que leurs admirateurs les célébraient. La marquise de Rambouillet avait eu le tort de donner l'exemple et d'accepter le surnom d'*Arthénice*, anagramme de son prénom de Catherine. Mlle de Scudéry s'était donné à elle-même le nom de *Sapho*. Nous trouvons dans le *Grand Dictionnaire* de Somaize le nom galant des plus célèbres précieuses.

2. On comprend que Gorgibus souhaite d'être débarrassé des deux filles « qu'il a sur les bras ». Il est tout effrayé de la maladie dont elles sont atteintes, et il se sent incapable de les guérir. Gorgibus est faible, malgré les airs autoritaires qu'il se donne. Il n'a été ni assez instruit pour diriger l'éducation de ses filles, ni assez énergique pour les arracher à leurs romans; il est donc jusqu'à un certain point responsable de leurs folies et il lui tarde de se décharger sur d'autres de cette responsabilité.

CATHOS.

Pour moi, mon oncle, tout ce que je puis vous dire, c'est que je trouve le mariage une chose tout à fait choquante. Comment est-ce qu'on peut souffrir la pensée de coucher contre un homme vraiment nu ? [1]

MADELON.

Souffrez que nous prenions un peu haleine parmi le beau monde de Paris, où nous ne faisons que d'arriver. Laissez-nous faire à loisir le tissu de notre roman, et n'en pressez point tant la conclusion.

GORGIBUS.

Il n'en faut point douter, elles sont achevées. Encore un coup, je n'entends rien à toutes ces balivernes, je veux être maître absolu ; et pour trancher toutes sortes de discours, ou vous serez mariées toutes deux, avant qu'il soit peu, ou, ma foi, vous serez religieuses ; j'en fais un bon serment.

SCÈNE VI

CATHOS, MADELON.

CATHOS.

Mon Dieu, ma chère, que ton père a la forme enfoncée dans la matière [2] ! Que son intelligence est épaisse, et qu'il fait sombre dans son âme !

1. Les précieuses plaignaient comme une victime celles des leurs qui étaient obligées de se marier. On voit que, pour repousser la seule pensée d'une union qui les choque, Cathos et Madelon emploient ici des expressions dont la crudité souligne bien inutilement cette pensée même, et que la pruderie tourne à l'inconvenance grossière. Rapprochez de ce passage la scène I de l'acte I des *Femmes savantes*.

2. La *forme* c'est l'esprit et la *matière* c'est le corps. Cathos veut donc dire : que ton père a l'âme matérielle, l'esprit borné !

MADELON.

Que veux-tu, ma chère? j'en suis en confusion pour lui. J'ai peine à me persuader que je puisse être véritablement sa fille[1], et je crois que quelque aventure, un jour, me viendra développer une naissance plus illustre.

CATHOS.

Je le croirais bien; oui, il y a toutes les apparences du monde, et pour moi, quand je me regarde aussi[2]...

SCÈNE VII

MAROTTE, CATHOS, MADELON.

MAROTTE.

Voilà un laquais qui demande si vous êtes au logis, et dit que son maître vous veut venir voir.

MADELON.

Apprenez, sotte, à vous énoncer moins vulgairement. Dites : voilà un nécessaire qui demande si vous êtes en commodité d'être visibles.

1. Dans les *Femmes savantes,* Bélise dit de même à son frère Chrysale (II, sc. VII) :

> Est-il de petits corps un plus lourd assemblage,
> Un esprit composé d'atomes plus bourgeois?
> Et de ce même sang se peut-il que je sois?
> Je me veux mal de mort d'être de votre race.

2. Cathos et Madelon sont donc, décidément, mauvaises filles. Accoutumées à vivre par l'imagination au milieu des princes et des princesses, elles espèrent qu'une de ces reconnaissances, si fréquentes dans les romans et dans les tragédies du temps, les arrachera à une condition qu'elles estiment indigne d'elles, à une famille dont elles rougissent. Elles n'ont donc pour leurs parents ni reconnaissance ni tendresse. Molière a-t-il voulu montrer par là que l'esprit ne peut se pervertir, sans que le cœur aussi se corrompe?

MAROTTE.

Dame, je n'entends point le latin, et je n'ai pas appris, comme vous, la filophie dans le *Grand Cyre*[1].

MADELON.

L'impertinente! Le moyen de souffrir cela! Et qui est-il, le maître de ce laquais?

MAROTTE.

Il me l'a nommé le marquis de Mascarille.

MADELON.

Ah! ma chère, un marquis! Oui, allez dire qu'on peut nous voir. C'est sans doute un bel esprit, qui a ouï parler de nous.

CATHOS.

Assurément, ma chère.

MADELON.

Il faut le recevoir dans cette salle basse, plutôt qu'en notre chambre[2]. Ajustons un peu nos cheveux au moins, et soutenons notre réputation. Vite, venez nous tendre ici dedans le conseiller des grâces.

MAROTTE.

Par ma foi, je ne sais quelle bête c'est là; il faut parler chrétien, si vous voulez que je vous entende.

1. Martine, dans les *Femmes savantes*, estropie les mots comme Marotte. Comme elle, elle se justifie en disant (II, sc. VI) :

> Mon Dieu! je n'avons point étugué comme vous,
> Et je parlons tout droit comme on parle cheux nous.

Le Grand Cyrus ou *Artamène* était un roman célèbre de Mlle de Scudéry, dont Martine a dû souvent entendre parler par ses maîtresses.

2. Les précieuses recevaient ordinairement leurs visiteurs dans leur chambre à coucher; elles reposaient sur leur lit et la compagnie prenait place dans la ruelle. Nouvellement arrivées, Madelon et Cathos n'ont point encore, sans doute, disposé leur appartement pour ces sortes de réceptions. Il est d'ailleurs commode que la scène se passe dans une salle basse, puisque Mascarille va tout à l'heure entrer dans sa chaise à porteurs, qui n'aurait pas pu passer facilement par un escalier.

CATHOS.

Apportez-nous le miroir, ignorante que vous êtes, et gardez-vous bien d'en salir la glace, par la communication de votre image.

SCÈNE VIII

MASCARILLE, DEUX PORTEURS[1].

MASCARILLE, dans une chaise à porteurs.

Holà, porteurs, holà. Là, là, là, là, là, là. Je pense que ces marauds-là ont dessein de me briser, à force de heurter les murailles et les pavés.

PREMIER PORTEUR.

Dame, c'est que la porte est étroite. Vous avez voulu aussi que nous soyons entrés jusqu'ici.

MASCARILLE sortant de sa chaise.

Je le crois bien. Voudriez-vous, faquins, que j'exposasse l'embonpoint de mes plumes[2] aux inclémences de la saison pluvieuse, et que j'allasse imprimer mes souliers en boue? Allez, ôtez votre chaise d'ici.

1. On faisait un grand usage des chaises à porteurs au XVIIe siècle. Les rues étaient fort malpropres et tous ceux qui voulaient ménager leur toilette étaient obligés de se faire transporter jusqu'à la porte des maisons où ils allaient faire visite. Mascarille, lui, tient à être porté jusque dans la chambre même où on le recevra. Jusqu'à ce jour il n'avait connu la chaise que pour avoir marché derrière celle de son maître : pour une fois qu'il commande, il veut savourer jusqu'au bout le plaisir d'être porté. Peut-être aussi pense-t-il, qu'entrant en un tel équipage il produira plus d'effet sur les deux provinciales qu'il se propose d'éblouir.

2. Sur cette expression, voir plus loin, p. 51, note 2.

Mascarille a son chapeau tout couvert de plumes, que plus tard d'ailleurs il fera admirer. Il est tout à fait costumé comme les gens du bel air. Voyez le portrait que Molière fait des marquis dans le *Remerciement au Roi* (1663):

> Arborez un chapeau *chargé de trente plumes*,
> Sur une perruque de prix.

SECOND PORTEUR.

Payez-nous donc, s'il vous plaît, monsieur.

MASCARILLE.

Hein !

SECOND PORTEUR.

Je dis, monsieur, que vous nous donniez de l'argent, s'il vous plaît.

MASCARILLE, *lui donnant un soufflet.*

Comment, coquin, demander de l'argent à une personne de ma qualité !

SECOND PORTEUR.

Est-ce ainsi qu'on paye les pauvres gens ? et votre qualité nous donne-t-elle à dîner ?

MASCARILLE.

Ah ! ah ! je vous apprendrai à vous connaître ! Ces canailles-là s'osent jouer à moi[1] !

PREMIER PORTEUR, *prenant un des bâtons de sa chaise.*

Çà, payez-nous vivement.

MASCARILLE.

Quoi ?

PREMIER PORTEUR.

Je dis que je veux avoir de l'argent tout à l'heure.

MASCARILLE.

Il est raisonnable, celui-là.

PREMIER PORTEUR.

Vite donc !

MASCARILLE.

Oui-da, tu parles comme il faut, toi ; mais l'autre est un coquin qui ne sait pas ce qu'il dit. Tiens, es-tu content ?

1. C'est-à-dire : osent entrer en lutte avec moi.

PREMIER PORTEUR.

Non, je ne suis pas content; vous avez donné un soufflet à mon camarade, et... (levant son bâton).

MASCARILLE.

Doucement; tiens, voilà pour le soufflet. On obtient tout de moi quand on s'y prend de la bonne façon [1]. Allez, venez me reprendre tantôt pour aller au Louvre, au petit coucher [2].

SCÈNE IX

MAROTTE, MASCARILLE.

MAROTTE.

Monsieur, voilà mes maîtresses, qui vont venir tout à l'heure.

MASCARILLE.

Qu'elles ne se pressent point; je suis ici posté commodément pour attendre.

MAROTTE.

Les voici.

1. Insolent et brutal, quand on a l'air de le craindre, Mascarille est humble et plat quand il a peur. C'est bien là une âme de laquais. Nous reconnaissons tout de suite le valet sous l'habit de son maître.

2. Mascarille dit cela bien haut pour qu'on croie bien, dans toute la maison, qu'il est reçu à la Cour. — La Cour occupait encore le Louvre : elle ne se transporta à Versailles que plus de vingt ans plus tard, en 1692. — On appelait le *coucher* la réception qui précédait le coucher du roi. On appelait *petit coucher* le moment où le roi se mettait au lit : c'était une cérémonie beaucoup plus intime ; y être admis était donc une grande marque de faveur. Il y avait aussi un *lever* et un *petit lever*. On écrivait indifféremment le *coucher* ou le *couché*, le *lever* ou le *levé*.

Voy. *Misanthrope* (II, v):

Parbleu! je viens du Louvre, où Cléonte, au *levé*,
Madame, a bien paru ridicule achevé.

SCÈNE X

MADELON, CATHOS, MASCARILLE, ALMANZOR.

MASCARILLE, après avoir salué.

Mesdames, vous serez surprises, sans doute, de l'audace de ma visite[1]; mais votre réputation vous attire cette méchante affaire, et le mérite a pour moi des charmes si puissants, que je cours partout après lui.

MADELON.

Si vous poursuivez le mérite, ce n'est pas sur nos terres que vous devez chasser.

CATHOS.

Pour voir chez nous le mérite, il a fallu que vous l'y ayez amené.

MASCARILLE.

Ah! je m'inscris en faux contre vos paroles. La renommée accuse juste, en contant ce que vous valez; et vous allez faire pic, repic et capot[2] tout ce qu'il y a de plus galant dans Paris.

MADELON.

Votre complaisance pousse un peu trop avant la libéralité de ses louanges, et nous n'avons garde, ma cousine et moi, de donner de notre sérieux dans le doux de votre flatterie[3].

CATHOS.

Ma chère, il faudrait faire donner des sièges.

1. Cette visite d'un inconnu qui se présente lui-même aurait, en effet, de quoi surprendre des personnes moins sottes que Cathos et Madelon.
2. Tous ces termes (Voy. le Lexique) sont empruntés au jeu de piquet. Mascarille prend où il peut ses gentillesses.
3. Voilà, dans toute sa pureté, le style précieux! Peut-on trouver une manière plus contournée et moins claire de dire : Vos compliments sont exagérés, nous ne pouvons les prendre au sérieux?

MADELON.

Holà, Almanzor !

ALMANZOR.

Madame?

MADELON.

Vite, voiturez-nous ici les commodités de la conversation.

MASCARILLE.

Mais, au moins, y a-t-il sûreté ici pour moi?

CATHOS.

Que craignez-vous?

MASCARILLE.

Quelque vol de mon cœur[1], quelque assassinat de ma franchise[2]. Je vois ici des yeux qui ont la mine d'être de fort mauvais garçons[3], de faire insulte aux libertés, et de traiter une âme de Turc à More[4]. Comment, diable! d'abord qu'on les approche, ils se mettent sur leur garde meurtrière. Ah! par ma foi, je m'en défie, et je m'en vais gagner au pied, ou je veux caution bourgeoise, qu'ils ne me feront point de mal[5].

1. Voy. l'impromptu que débite plus loin Mascarille.

2. C'est là une expression précieuse assez caractéristique. Les précieuses, pour relever leur style, personnifient volontiers les noms de choses et même les mots abstraits. Nous avons vu plus haut : des plumes qui ont de l'*embonpoint*, voici maintenant : une franchise, c'est-à-dire une liberté, qui est *assassinée*. On sait que, dans la bonne langue, *embonpoint* et *assassinat* ne se disent que des personnes.

3. Voilà des *yeux* qui sont personnifiés, comme les *plumes* et comme la *franchise*.

4. Voy. le Lexique.

5. Nous remarquons encore dans cette tirade de Mascarille un procédé très usité dans le langage précieux. Quand on a trouvé une image, une métaphore, on l'exploite jusqu'au bout, on la suit aussi longtemps qu'on le peut.

C'est ainsi que, dans les *Femmes savantes* (III, II), Trissotin compare longuement la pièce de vers qu'il va lire à un plat délicat :

> Pour cette grande *faim* qu'à mes yeux on expose,
> Un *plat* seul de huit vers me semble peu de chose ;
> Et je pense qu'ici je ne ferai pas mal
> De joindre à l'épigramme ou bien au madrigal

MADELON.

Ma chère, c'est le caractère enjoué.

CATHOS.

Je vois bien que c'est un Amilcar[1].

MADELON.

Ne craignez rien, nos yeux n'ont point de mauvais desseins, et votre cœur peut dormir en assurance sur leur prud'homie.

CATHOS.

Mais, de grâce, monsieur, ne soyez pas inexorable à ce fauteuil qui vous tend les bras il y a un quart d'heure; contentez un peu l'envie qu'il a de vous embrasser[2].

MASCARILLE, après s'être peigné et avoir ajusté ses canons[3].

Hé bien, mesdames, que dites-vous de Paris?

Le *ragoût* d'un sonnet qui, chez une princesse,
A passé pour avoir quelque délicatesse.
Il est *de sel attique assaisonné* partout,
Et vous le trouverez, je crois, d'assez bon *goût*.

Voici un autre passage aussi caractéristique et que nous trouvons cité dans le premier *Dictionnaire* de Somaize. On y verra comment, dans le jargon précieux, une idée très simple était présentée plusieurs fois en une longue suite d'images semblables : « Pour dire : *Ce mot-là est difficile à prononcer*, on dit : ce mot est capable d'*écorcher* en passant *un* pauvre *gosier*, un passage de gens de guerre n'est pas plus rude à pauvres gens; il tient longtemps un homme *à la gorge*, et, sans quelque favorable *hoquet*, il court grand risque de ne passer jamais. »

Nous n'avons pas le droit d'être trop sévères pour ce défaut, nous qui sommes aujourd'hui tombés dans l'excès contraire et mêlons sans scrupule, dans une même phrase, les images les plus diverses et les plus opposées. Ne disons-nous pas, dans le langage courant : *embrasser une carrière*, quoique nous sachions bien qu'une *carrière* est un champ de courses et qu'on ne peut pas *embrasser* un champ de courses?

1. Amilcar, dans la *Clélie* de Mlle de Scudéry, est le type de l'amant spirituel et enjoué.

2. On retrouve encore dans cette phrase les traits caractéristiques du jargon précieux : 1° le fauteuil est personnifié : il *a envie* d'embrasser Mascarille et il lui *tend les bras;* 2° la métaphore est poursuivie jusqu'au bout avec la même persistance.

3. Mascarille, qui manque si souvent de savoir-vivre, est, cette fois-ci, parfaitement en règle avec les lois de la galanterie. « Après que vous serez assis et que vous aurez fait vos premiers compliments....., il sera bienséant d'ôter le gant de votre main droite, et de tirer de votre poche un grand peigne de

MADELON.

Hélas! qu'en pourrions-nous dire? Il faudrait être l'antipode de la raison, pour ne pas confesser que Paris est le grand bureau des merveilles, le centre du bon goût, du bel esprit et de la galanterie.

MASCARILLE.

Pour moi, je tiens que, hors de Paris, il n'y a point de salut pour les honnêtes gens[1].

CATHOS.

C'est une vérité incontestable.

MASCARILLE.

Il y fait un peu crotté, mais nous avons la chaise.

MADELON.

Il est vrai que la chaise est un retranchement merveilleux contre les insultes de la boue et du mauvais temps.

MASCARILLE.

Vous recevez beaucoup de visites[2]? Quel bel esprit est des vôtres[3]?

corne, dont les dents soient fort éloignées l'une de l'autre, et de peigner doucement vos cheveux, soit qu'ils soient naturels ou empruntés. » (*Les lois de la galanterie*, édit. de 1658, p. 82.)

Dans l'*Impromptu de Versailles* (scène III), Molière peint des marquis « arrivant à la chambre du roi, avec cet air qu'on nomme le bel air, *peignant leur perruque*, et grondant une petite chanson, entre leurs dents, la, la, la, la, la ».

1. On appelait *honnêtes gens*, au XVIIe siècle, les gens *comme il faut*, les gens du monde.

2. « Les lois des précieuses consistent en l'observance exacte des modes et en la nécessité de tenir ruelle (voy. l'explication de ce mot p. 56, note 4); car pour être précieuse, il faut ou tenir assemblée chez soi ou aller chez celles, qui en tiennent. » (SOMAIZE, *Grand dictionnaire des Précieuses*, au mot : *lois*.)

3. Chaque précieuse avait sa petite cour de beaux esprits. Les beaux esprits étaient tout à fait recherchés : c'étaient eux qui faisaient l'ornement d'une ruelle. Le plus souvent les précieuses se les disputaient les unes aux autres : quelquefois cependant, comme on le voit par la phrase suivante, elles se les prêtaient.

MADELON.

Hélas! nous ne sommes pas encore connues; mais nous sommes en passe de l'être, et nous avons une amie particulière, qui nous a promis d'amener ici tous ces messieurs du *Recueil des pièces choisies*[1].

CATHOS.

Et certains autres, qu'on nous a nommés aussi pour être les arbitres souverains des belles choses.

MASCARILLE.

C'est moi qui ferai votre affaire mieux que personne; ils me rendent tous visite, et je puis dire que je ne me lève jamais sans une demi-douzaine de beaux esprits.

MADELON.

Eh! mon Dieu, nous vous serons obligées de la dernière obligation, si vous nous faites cette amitié; car enfin il faut avoir la connaissance de tous ces messieurs-là, si l'on veut être du beau monde. Ce sont eux qui donnent le branle à la réputation dans Paris; et vous savez qu'il y en a tel dont il ne faut que la seule fréquentation pour vous donner bruit de connaisseuse, quand il n'y aurait rien autre chose que cela. Mais, pour moi, ce que je considère particulièrement, c'est que, par le moyen de ces visites spirituelles, on est instruite de cent choses qu'il faut savoir de nécessité, et qui sont de l'essence d'un bel esprit[2]. On apprend par là, chaque jour, les petites nouvelles galantes, les jolis commerces de prose et de vers. On sait à point nommé : un tel a composé la plus jolie pièce du monde, sur un tel sujet; une telle a

1. Ce *Recueil*, très célèbre, et qui avait paru en 1653, contenait des vers de Corneille, de Benserade, de Scudéry, de Boisrobert, de Sarrazin, de Colletet et d'autres poètes moins connus.

2. C'est dire, d'une façon peu naturelle, qu'on ne peut pas être *bel esprit* si on ne sait pas ces choses.

fait des paroles sur un tel air; celui-ci a fait un madrigal[1] sur une jouissance; celui-là a composé des stances sur une infidélité; monsieur un tel écrivit hier au soir un sixain[2] à mademoiselle une telle, dont elle lui a envoyé la réponse ce matin sur les huit heures; un tel auteur a fait un tel dessein; celui-là en est à la troisième partie de son roman; cet autre met ses ouvrages sous la presse : c'est là ce qui vous fait valoir dans les compagnies; et, si l'on ignore ces choses, je ne donnerais pas un clou de tout l'esprit qu'on peut avoir.

CATHOS.

En effet, je trouve que c'est renchérir sur le ridicule, qu'une personne se pique d'esprit et ne sache pas jusqu'au moindre petit quatrain[3] qui se fait chaque jour, et pour moi j'aurais toutes les hontes du monde s'il fallait qu'on vînt à

1. Le madrigal est une pièce de poésie qui renferme, dans un petit nombre de vers, une pensée ingénieuse et galante (*Dictionnaire de l'Académie*). Le madrigal était très en honneur au XVIIe siècle. Nous avons parlé dans la Notice de la fameuse Journée des madrigaux à laquelle présida Mlle de Scudéry. La célèbre *Guirlande de Julie*, qu'offrit à Julie d'Angennes le futur duc de Montausier, était tout entière composée de madrigaux. Toutes les fleurs venaient, les unes après les autres, confesser que, si elles étaient belles, Julie l'était plus qu'elles.

Le grand Corneille fit parler le lis, la tulipe, l'hyacinte, la fleur d'oranger, la fleur de grenade et l'immortelle blanche. Une des plus jolies pièces de ce recueil est celle de *la Violette*, qui fut composée par le poète Desmarets :

Modeste en ma couleur, modeste en mon séjour,
Franche d'ambition, je me cache sous l'herbe;
Mais, si sur votre front je puis me voir un jour,
La plus humble des fleurs sera la plus superbe.

2. Sixain ou sizain, petite pièce de poésie composée de six vers : les deux premiers sont ordinairement à rimes plates, les quatre autres à rimes croisées. Voici un amusant sixain de Boileau:

En vain, par mille et mille outrages,
Mes ennemis, dans leurs ouvrages,
Ont cru me rendre affreux aux yeux de l'univers;
Cotin, pour décrier mon style,
A pris un chemin plus facile :
C'est de m'attribuer ses vers.

3. Quatrain, petite pièce de poésie qui contient quatre vers, dont les rimes sont ordinairement croisées (*Dictionnaire de l'Académie*). Un des plus beaux quatrains qui nous soient restés du XVIIe siècle est la fameuse pièce de Corneille sur le cardinal de Richelieu :

Qu'on parle bien ou mal du fameux cardinal,
Ma prose ni mes vers n'en diront jamais rien;
Il m'a fait trop de bien pour en dire du mal,
Il m'a fait trop de mal pour en dire du bien.

On remarquera que les quatre rimes de ce quatrain sont masculines, ce qui est une licence.

me demander si j'aurais vu[1] quelque chose de nouveau, que je n'aurais pas vu.

MASCARILLE.

Il est vrai qu'il est honteux de n'avoir pas des premiers tout ce qui se fait[2], mais ne vous mettez pas en peine; je veux établir chez vous une Académie[3] de beaux esprits; et je vous promets qu'il ne se fera pas un bout de vers dans Paris, que vous ne sachiez par cœur avant tous les autres. Pour moi, tel que vous me voyez, je m'en escrime un peu quand je veux, et vous verrez courir de ma façon, dans les belles ruelles[4] de Paris, deux cents chansons, autant de sonnets[5],

1. Cette tournure ne serait plus du tout correcte aujourd'hui; il faudrait dire : *si j'ai vu*. Mais, au XVIIe siècle, il arrivait assez souvent qu'un premier conditionnel en commandait ainsi un second. Voy. *Don Juan*, I, sc. I : « S'il fallait qu'il en vînt quelque chose à ses oreilles, je *dirais* hautement que tu en *aurais* menti. »

2. Dans *les Fâcheux* (I, sc. I), Éraste se plaint d'avoir été importuné par un gentilhomme qui prétendait, comme Mascarille, savoir tout des premiers. C'est au théâtre que se passe l'aventure :

Il m'a fait, à l'abord, cent questions frivoles.....
« Tu n'as point vu ceci, marquis? Ah! Dieu me damne!
« Je le trouve assez drôle, et je n'y suis pas âne;
« Je sais par quelles lois un ouvrage est parfait,
« Et Corneille me vient lire tout ce qu'il fait. »
Là-dessus, de la pièce il m'a fait un sommaire,
Scène à scène, averti de ce qui s'allait faire;
Et jusques à des vers qu'il en savait par cœur,
Il me les récitait tout haut avant l'acteur.

3. Académie veut dire non pas une compagnie officiellement constituée, mais une société de personnes amies se réunissant d'une façon régulière.

4. Nous avons vu plus haut que les précieuses recevaient leurs visiteurs et leurs visiteuses couchées en grande toilette sur leur lit. Les personnages moins considérables étaient assis devant le lit, les visiteurs d'importance prenaient place dans la *ruelle*, c'est-à-dire entre le lit et le mur. On disait de la maîtresse de maison qui présidait ces sortes d'assemblées, qu'elle *tenait ruelle*.

5. Voici la définition que donne du sonnet le *Dictionnaire de l'Académie* : Sonnet, ouvrage de poésie composé de quatorze vers distribués en deux quatrains et en deux tercets : les quatrains sur deux rimes seulement. (C'est-à-dire que les deux rimes masculines et les deux rimes féminines du premier quatrain doivent être reproduites dans le second.) Le sonnet nous vient d'Italie : dès le XVIe siècle, nos poètes en composaient qui étaient de vrais chefs-d'œuvre. Au XVIIe siècle, ce genre fut tout à fait en honneur. Deux sonnets célèbres passionnèrent particulièrement le monde lettré; on se divisa en deux camps : les uns prirent parti pour le sonnet d'*Uranie* qui était de Voiture, les autres pour le sonnet de *Job* qui était de Benserade. Un autre sonnet de Voiture, *la Belle Matineuse*, fut un des événements du temps. Ces petits poèmes ne renfermaient généralement que des idées badines et galantes; quelques-

quatre cents épigrammes[1]; et plus de mille madrigaux[2], sans compter les énigmes[3] et les portraits[4]..

MADELON.

Je vous avoue que je suis furieusement pour les portraits; je ne vois rien de si galant que cela.

MASCARILLE.

Les portraits sont difficiles et demandent un esprit profond. Vous en verrez de ma manière, qui ne vous déplairont pas.

CATHOS.

Pour moi, j'aime terriblement les énigmes.

MASCARILLE.

Cela exerce l'esprit, et j'en ai fait quatre encore ce matin, que je vous donnerai à deviner.

uns cependant avaient un caractère plus sérieux et plus élevé; tels sont, par exemple, le sonnet que Molière adressa à La Motte Le Vayer après la mort de son fils et surtout le sonnet bien plus admirable encore que composa Corneille sur la mort de Mme du Chevreul. Le sonnet, au XIXe siècle, n'a pas craint d'aborder tous les sentiments et d'être descriptif, élégiaque ou lyrique.

1. Épigramme, petite pièce de poésie qui se termine ordinairement par un trait piquant ou par un bon mot (*Dictionnaire de l'Académie*). Nous appelons aujourd'hui épigramme, une petite pièce satirique; au XVIIe siècle, on donnait ce nom à toute poésie un peu courte, quel qu'en fût le caractère. Voici par exemple une épigramme de Malherbe qui aurait pu tout aussi bien être appelée un madrigal :

Sur Marie de Bourbon, fille de Marguerite de Lorraine (1610) :

N'égalons point cette petite
Aux déesses que nous récite
L'histoire des siècles passés ;
Tout cela n'est qu'une chimère.
Il faut dire, pour dire assez :
Elle est belle comme sa mère.

2. Sur le madrigal, voy. plus haut, p. 55, note 1.

3. L'énigme était aussi un divertissement à la mode. L'abbé Cotin, la victime de Boileau, excellait, paraît-il, à en imaginer; Boileau lui-même en a fait une, dont le mot est : la puce. Quand parut le *Mercure galant*, sorte de journal mensuel fondé par de Visé, il ne manqua pas de proposer des énigmes à ses lecteurs dans chaque numéro.

4. Les portraits avaient été mis à la mode par Mlle de Scudéry qui, dans ses romans, avait peint, sous des noms supposés, tous les personnages du temps. On avait pris l'habitude dans les salons de faire par écrit, en prose ou en vers, le portrait de ses amis et quelquefois même le sien. Nous avons tout un recueil de petites pièces de cette espèce intitulé : *Galerie des portraits de Mlle de Montpensier.*

MADELON.

Les madrigaux sont agréables, quand ils sont bien tournés.

MASCARILLE.

C'est mon talent particulier, et je travaille à mettre en madrigaux toute l'histoire romaine[1].

MADELON.

Ah! certes, cela sera du dernier beau; j'en retiens un exemplaire au moins, si vous le faites imprimer.

MASCARILLE.

Je vous en promets à chacune un, et des mieux reliés. Cela est au-dessous de ma condition; mais je le fais seulement pour donner à gagner aux libraires, qui me persécutent.

MADELON.

Je m'imagine que le plaisir est grand de se voir imprimé[2].

MASCARILLE.

Sans doute; mais, à propos, il faut que je vous die un impromptu[3] que je fis hier chez une duchesse de mes amies, que je fus visiter; car je suis diablement fort sur les impromptus[4].

CATHOS.

L'impromptu est justement la pierre de touche de l'esprit.

MASCARILLE.

Écoutez donc.

1. Mascarille ne paraît guère se douter de ce que c'est que l'histoire romaine puisqu'il veut en faire le sujet de poésies galantes. Il est vrai que Benserade avait bien mis les *Métamorphoses* d'Ovide en rondeaux !

2. Madelon dit cela avec bien de la conviction : elle doit songer, avec un frisson de joie, qu'un jour peut-être elle pourra « être imprimée » à son tour.

3. Un *impromptu* est une pièce de vers que l'on improvise sur-le-champ. *Die*, ancien subjonctif pour *dise*, très souvent employé au XVIIe siècle.

4. Il essaye cependant un peu plus loin (sc. XII) d'en faire un sous les yeux de Cathos et Madelon et il ne peut trouver que les premiers vers.

MADELON.

Nous y sommes de toutes nos oreilles.

MASCARILLE.

Oh! oh! je n'y prenais pas garde :
Tandis que, sans songer à mal, je vous regarde,
Votre œil en tapinois me dérobe mon cœur;
Au voleur, au voleur, au voleur, au voleur[1]!

CATHOS.

Ah! mon Dieu! voilà qui est poussé dans le dernier galant.

MASCARILLE.

Tout ce que je fais a l'air cavalier; cela ne sent point le pédant.

MADELON.

Il en est éloigné de plus de deux mille lieues.

MASCARILLE.

Avez-vous remarqué ce commencement : *oh, oh?* Voilà qui est extraordinaire, *oh oh!* Comme un homme qui s'avise tout d'un coup, *oh, oh!* La surprise, *oh, oh!*

MADELON.

Oui, je trouve ce *oh, oh!* admirable.

MASCARILLE.

Il semble que cela ne soit rien.

1. Assurément on ne peut rien imaginer de plus insignifiant et de plus plat. Ce n'est là que la paraphrase de la fade galanterie qu'a déjà débitée Mascarille :

CATHOS. — Que craignez-vous?
MASCARILLE. — Quelque vol de mon cœur.....

D'ailleurs, ce *vol des cœurs* avait déjà été le sujet d'une foule de poésies amoureuses. Le grand Corneille lui-même avait écrit, en 1632, quatre ans seulement avant *le Cid* :

Chers ennemis de ma franchise,
Beaux yeux, mes aimables vainqueurs,
Dites-moi qui vous autorise
A dérober ainsi les cœurs.

CATHOS.

Ah! mon Dieu, que dites-vous? Ce sont là de ces sortes de choses qui ne se peuvent payer.

MADELON.

Sans doute, et j'aimerais mieux avoir fait ce *oh, oh!* qu'un poème épique[1].

MASCARILLE.

Tudieu, vous avez le goût bon.

MADELON.

Eh! je ne l'ai pas tout à fait mauvais.

MASCARILLE.

Mais n'admirez-vous pas aussi, *je n'y prenais pas garde? Je n'y prenais pas garde*, je ne m'apercevais pas de cela : façon de parler naturelle, *je n'y prenais pas garde. Tandis que, sans songer à mal*, tandis qu'innocemment, sans malice, comme un pauvre mouton, *je vous regarde*, c'est-à-dire je m'amuse à vous considérer, je vous observe, je vous contemple. *Votre œil en tapinois*... Que vous semble de ce mot *tapinois?* n'est-il pas bien choisi?

CATHOS.

Tout à fait bien.

MASCARILLE.

Tapinois, en cachette; il semble que ce soit un chat qui vienne de prendre une souris. *Tapinois !*

MADELON.

Il ne se peut rien de mieux.

1. Molière pouvait-il mieux montrer la sottise des précieuses qu'en les faisant se pâmer devant ce : *Oh, oh!* qui est l'exclamation la plus ordinaire et la plus commune?

De même, dans les *Femmes savantes*. ce qui, dans le sonnet de Trissotin, saisit le plus Philaminte, Armande et Bélise, c'est justement le *quoi qu'on die* qui n'a aucune portée ni même aucun sens. (Voy. l'Appendice.)

MASCARILLE.

Me dérobe mon cœur, me l'emporte, me le ravit.

Au voleur, au voleur, au voleur, au voleur!

Ne diriez-vous pas que c'est un homme qui crie et court après un voleur pour le faire arrêter?

Au voleur, au voleur, au voleur, au voleur[1]!

MADELON.

Il faut avouer que cela a un tour spirituel et galant.

MASCARILLE.

Je veux vous dire l'air que j'ai fait dessus.

CATHOS.

Vous avez appris la musique?

MASCARILLE.

Moi? point du tout.

CATHOS.

Et comment donc cela se peut-il?

MASCARILLE.

Les gens de qualité savent tout sans avoir jamais rien appris[2].

MADELON.

Assurément, ma chère.

MASCARILLE.

Écoutez si vous trouverez l'air à votre goût, *Hem, hem,*

1. Cette exclamation de Mascarille était devenue, paraît-il, tout à fait populaire. Un versificateur qui nous a laissé une chronique rimée des événements de ce temps, Loret, nous montre deux jeunes gens auxquels on avait enlevé trois demoiselles qu'ils accompagnaient,

Criant : Aux voleurs! aux voleurs!
Du même ton que Mascarille.

2. En se vantant de la sorte, Mascarille ne faisait que suivre l'exemple des beaux esprits de son époque. Ils se vantaient pour la plupart d'être savants sans avoir étudié. Dans le portrait qu'elle avait fait d'elle-même, sous le nom de Sapho, Mlle de Scudéry disait : « Sans que l'on ait presque jamais ouï dire

la, la, la, la, la. La brutalité de la saison[1] a furieusement outragé la délicatesse de ma voix; mais il n'importe, c'est à la cavalière. (Il chante.)

Oh! oh! je n'y prenais pas...

CATHOS.

Ah! que voilà un air qui est passionné! Est-ce qu'on n'en meurt point[2]?

MADELON.

Il y a de la chromatique[3] là dedans.

MASCARILLE.

Ne trouvez-vous pas la pensée bien exprimée dans le chant *Au voleur! au voleur!...* Et puis comme si l'on criait bien fort, *au, au, au, au, au voleur!* Et tout d'un coup, comme une personne essoufflée, *au voleur!*

MADELON.

C'est là savoir le fin des choses, le grand fin, le fin du fin. Tout est merveilleux, je vous assure; je suis enthousiasmée de l'air et des paroles.

CATHOS.

Je n'ai encore rien vu de cette force-là.

MASCARILLE.

Tout ce que je fais me vient naturellement, c'est sans étude.

que Sapho ait rien appris, elle sait pourtant toutes choses. » (*Le grand Cyrus*, xe partie, livre II). Elle disait aussi d'une de ses amies : « L'on peut assurer sans flatterie qu'elle sait cent choses qu'elle n'a jamais apprises et qu'il faut qu'elle ait devinées. » (La *Clélie*, IIe partie, livre II.)

1. *Brutalité* ne se dit que des personnes : la saison est donc ici personnifiée comme plus haut les plumes, les yeux, la franchise.

2. Cette expression était très à la mode parmi les gens du bel air. Longtemps auparavant, Regnier, dans une de ses satires, avait déjà signalé une locution semblable. Il dit, en parlant d'un fat :

...... Laissons-le discourir,
Dire cent et cent fois : Il en faudrait mourir !
(*Satire* VIII.)

3. Voy. le Lexique. Madelon prononce ce mot pour faire l'entendue, mais elle n'en connaît pas le sens. La musique chromatique avait un caractère mélancolique et plaintif ; or l'air que chante Mascarille ne doit certainement rien avoir de triste.

MADELON.

La nature vous a traité en vraie mère passionnée, et vous en êtes l'enfant gâté.

MASCARILLE.

A quoi donc passez-vous le temps?

CATHOS.

A rien du tout.

MADELON.

Nous avons été jusqu'ici dans un jeûne effroyable de divertissements.

MASCARILLE.

Je m'offre à vous mener l'un de ces jours à la comédie, si vous voulez; aussi bien on en doit jouer une nouvelle que je serai bien aise que nous voyions ensemble.

MADELON.

Cela n'est pas de refus.

MASCARILLE.

Mais je vous demande d'applaudir comme il faut, quand nous serons là; car je me suis engagé de faire valoir la pièce, et l'auteur m'en est venu prier encore ce matin[1]. C'est la coutume ici, qu'à nous autres gens de condition, les auteurs viennent lire leurs pièces nouvelles, pour nous engager à les trouver belles[2] et leur donner de la réputation; et je vous laisse à penser si, quand nous disons quelque chose, le parterre

1. Il était d'usage, en effet, que les auteurs allassent lire leurs pièces, avant la représentation, chez les personnes influentes qui pouvaient en préparer le succès. On sait que Corneille avait lu *Polyeucte* à l'hôtel de Rambouillet et que cette pièce n'y avait pas été trouvée bonne. Pendant que le *Tartuffe* était interdit au théâtre, Molière le lut dans plusieurs salons, chez le cardinal légat, chez Ninon de Lenclos, etc. Nous savons aussi qu'il lut *les Femmes savantes*, avant de les avoir jouées, chez le duc de La Rochefoucauld et chez le cardinal de Retz.

Voy. ce vers des *Fâcheux* déjà cité (I, I) :

Et Corneille me vient lire tout ce qu'il fait.

2. Dans *la Critique de l'Ecole des Femmes* (sc. VI), Uranie parle d'un gentilhomme qui « veut être le premier de son opinion, et qu'on attende par

ose nous contredire[1]. Pour moi, j'y suis fort exact; et quand j'ai promis à quelque poète, je crie toujours : « Voilà qui est beau! » devant que les chandelles[2] soient allumées.

MADELON.

Ne m'en parlez point, c'est un admirable lieu que Paris; il s'y passe cent choses tous les jours, qu'on ignore dans les provinces, quelque spirituelle qu'on puisse être.

CATHOS.

C'est assez; puisque nous sommes instruites, nous ferons notre devoir de nous écrier comme il faut sur tout ce qu'on dira.

MASCARILLE.

Je ne sais si je me trompe; mais vous avez toute la mine d'avoir fait quelque comédie.

MADELON.

Eh! il pourrait être quelque chose de ce que vous dites.

respect son jugement... Il veut qu'on le consulte sur toutes les affaires d'esprit; et je suis sûre que si l'auteur (*Molière*) lui eût montré sa comédie (*l'Ecole des Femmes*) avant que de la faire voir du public, il l'eût trouvée la plus belle du monde. »

1. Quoi qu'en dise Mascarille, le parterre n'était pas toujours de l'avis des marquis et des beaux esprits. Il jugeait tout seul et le plus souvent jugeait bien. Molière fut toujours soutenu par le parterre et en revanche il ne manqua jamais l'occasion de faire l'éloge de cette partie du public. Il fait dire à Dorante, dans la *Critique de l'Ecole des Femmes* (sc. VI) : « Apprends, marquis, je te prie, et les autres aussi, que le bon sens n'a point de place déterminée à la comédie; que la différence du demi-louis d'or et de la pièce de quinze sous ne fait rien du tout au bon goût; que, debout ou assis, l'on peut donner un mauvais jugement; et qu'enfin, à le prendre en général, je me fierais assez à l'approbation du parterre, par la raison qu'entre ceux qui le composent, il y en a plusieurs qui sont capables de juger d'une pièce selon les règles, et que les autres en jugent par la bonne façon d'en juger, qui est de se laisser prendre aux choses, et de n'avoir ni prévention aveugle, ni complaisance affectée, ni délicatesse ridicule. »

2. Les théâtres étaient alors éclairés avec des chandelles qu'on n'allumait qu'au lever du rideau; on venait les moucher entre chaque acte. Les lampes à huile ne furent inventées qu'à la fin du XVIIIe siècle.

MASCARILLE.

Ah! ma foi, il faudra que nous la voyions. Entre nous, j'en ai composé une que je veux faire représenter.

CATHOS.

Et à quels comédiens la donnerez-vous?

MASCARILLE.

Belle demande! Aux grands comédiens[1]; il n'y a qu'eux qui soient capables de faire valoir les choses; les autres sont des ignorants, qui récitent comme l'on parle[2]; ils ne savent pas faire ronfler les vers et s'arrêter au bel endroit; et le moyen de connaître où est le beau vers, si le comédien ne s'y arrête et ne nous avertit par là qu'il faut faire le brouhaha?

CATHOS.

En effet, il y a manière de faire sentir aux auditeurs les beautés d'un ouvrage, et les choses ne valent que ce qu'on les fait valoir.

MASCARILLE.

Que vous semble de ma petite oie? La trouvez-vous congruente à l'habit?

CATHOS.

Tout à fait.

MASCARILLE.

Le ruban est bien choisi.

1. Les comédiens de l'hôtel de Bourgogne, rivaux et ennemis de Molière et de sa troupe. Molière ne pouvait souffrir la façon pompeuse dont ils déclamaient les vers. Quatre ans plus tard, il les tournait encore en ridicule dans *l'Impromptu de Versailles* (1663); après avoir contrefait plusieurs acteurs de cette troupe et en particulier le célèbre Montfleury, il ajoutait : « Il faut dire les choses avec emphase. Écoutez-moi... Voyez-vous cette posture? Remarquez bien cela. Là, appuyez comme il faut le dernier vers. Voilà ce qui attire l'approbation et fait faire le brouhaha (sc. I). »

2. C'est à lui-même que Molière fait allusion : tous ses contemporains s'accordent à dire qu'il jouait avec un naturel parfait.

MADELON.

Furieusement bien. C'est Perdrigeon[1] tout pur.

MASCARILLE.

Que dites-vous de mes canons?

MADELON.

Ils ont tout à fait bon air.

MASCARILLE.

Je puis me vanter au moins qu'ils ont un grand quartier de plus que tous ceux qu'on fait[2].

MADELON.

Il faut avouer que je n'ai jamais vu porter si haut l'élégance de l'ajustement.

MASCARILLE.

Attachez un peu sur ces gants la réflexion de votre odorat.

MADELON.

Ils sentent terriblement bon.

CATHOS.

Je n'ai jamais respiré une odeur mieux conditionnée.

MASCARILLE.

Et celle-là?

MADELON.

Elle est tout à fait de qualité; le sublime en est touché délicieusement.

MASCARILLE.

Vous ne me dites rien de mes plumes; comment les trouvez-vous?

1. Perdrigeon était un mercier célèbre qui vendait des rubans et des dentelles.

2. Voy. dans l'Appendice I, la description que fait Mlle Desjardins du costume de Mascarille.

CATHOS.

Effroyablement belles.

MASCARILLE.

Savez-vous que le brin me coûte un louis d'or[1] ? Pour moi, j'ai cette manie de vouloir donner généralement sur tout ce qu'il y a de plus beau[2].

MADELON.

Je vous assure que nous sympathisons vous et moi. J'ai une délicatesse furieuse pour tout ce que je porte; et, jusqu'à mes chaussettes, je ne puis rien souffrir qui ne soit de la bonne ouvrière.

MASCARILLE, s'écriant brusquement.

Ahi, ahi, ahi, doucement. Dieu me damne, mesdames! c'est fort mal en user; j'ai à me plaindre de votre procédé; cela n'est pas honnête.

CATHOS.

Qu'est-ce donc? qu'avez-vous?

MASCARILLE.

Quoi, toutes deux contre mon cœur en même temps! M'attaquer à droite et à gauche! Ah! c'est contre le droit des gens; la partie n'est pas égale, et je m'en vais crier au meurtre.

CATHOS.

Il faut avouer qu'il dit les choses d'une manière particulière.

MADELON.

Il a un tour admirable dans l'esprit.

1. C'est là une exagération plaisante. Pour un louis d'or, qui vaudrait aujourd'hui plus de cinquante francs de notre monnaie, on pouvait assurément acheter bien des brins de plume.

2. En faisant ainsi l'éloge de tout son ajustement, Mascarille donne une nouvelle preuve de son manque d'éducation. Mais Cathos et Madelon, qui n'ont pas été reçues plus que lui dans la bonne compagnie, ne doutent pas un instant que ce ne soient là les manières du grand monde.

CATHOS.

Vous avez plus de peur que de mal, et votre cœur crie avant qu'on l'écorche.

MASCARILLE.

Comment diable! il est écorché depuis la tête jusqu'aux pieds[1].

SCÈNE XI

MAROTTE, MASCARILLE, CATHOS, MADELON.

MAROTTE.

Madame, on demande à vous voir.

MADELON.

Qui?

MAROTTE.

Le vicomte de Jodelet.

MASCARILLE.

Le vicomte de Jodelet?

MAROTTE.

Oui, monsieur.

CATHOS.

Le connaissez-vous?

MASCARILLE.

C'est mon meilleur ami.

1. Nous retrouvons encore là le procédé de style ordinaire aux précieuses. Voici un *cœur* qui est considéré comme une personne humaine; il a une tête, il a des pieds, il a une bouche pour crier, quand on l'écorche.

MADELON.

Faites entrer vitement.

MASCARILLE.

Il y a quelque temps que nous ne nous sommes vus, et je suis ravi de cette aventure.

CATHOS.

Le voici[1].

SCÈNE XII

JODELET, MASCARILLE, CATHOS, MADELON, MAROTTE.

MASCARILLE.

Ah, vicomte!

JODELET, s'embrassant l'un l'autre.

Ah, marquis!

MASCARILLE.

Que je suis aise de te rencontrer!

JODELET.

Que j'ai de joie de te voir ici!

MASCARILLE.

Baise-moi donc encore un peu, je te prie[2].

1. Pendant toute la durée de la scène x, Mascarille a détaillé toutes ses perfections, il s'est fait voir sous toutes ses faces. Après avoir fait admirer aux deux précieuses son impromptu et ses beaux habits, il n'a plus rien à leur dire, et elles-mêmes paraissent à peu près incapables de soutenir à leur tour la conversation. L'intérêt ne pourrait plus que languir. Il faut donc que l'arrivée d'un nouveau personnage vienne réveiller notre curiosité. Ce nouveau personnage, Molière a eu soin de le choisir plus ridicule encore et plus vulgaire que son camarade. En voyant Cathos et Madelon le prendre, lui aussi, au sérieux, nous aurons ainsi la mesure de leur crédulité et de leur sottise, et nous pourrons, comme Gorgibus, déclarer qu'elles sont achevées.

2. On ne se ménageait pas, au XVIIe siècle, les protestations d'amitié ni même les embrassades. Dans *le Misanthrope* (I, sc. I), Alceste condamne avec

MADELON, à Cathos.

Ma toute bonne, nous commençons d'être connues; voilà le beau monde qui prend le chemin de nous venir voir.

MASCARILLE.

Mesdames, agréez que je vous présente ce gentilhomme-ci. Sur ma parole, il est digne d'être connu de vous.

JODELET.

Il est juste de venir vous rendre ce qu'on vous doit et vos attraits exigent leurs droits seigneuriaux sur toutes sortes de personnes.

MADELON.

C'est pousser vos civilités jusqu'aux derniers confins de la flatterie.

CATHOS.

Cette journée doit être marquée dans notre almanach comme une journée bienheureuse.

MADELON, à Almanzor.

Allons, petit garçon, faut-il toujours vous répéter les choses? Voyez-vous pas qu'il faut le surcroît d'un fauteuil?

MASCARILLE.

Ne vous étonnez pas de voir le vicomte de la sorte; il

énergie cette habitude de témoigner au premier venu « les dernières tendresses ».

> Non, je ne puis souffrir cette lâche méthode
> Qu'affectent la plupart de vos gens à la mode;
> Et je ne hais rien tant que les contorsions
> De tous ces grands faiseurs de protestations,
> Ces affables donneurs d'embrassades frivoles,
> Ces obligeants diseurs d'inutiles paroles,
> Qui de civilités, avec tous, font combat,
> Et traitent du même air l'honnête homme et le fat.

Molière parle aussi, dans *les Fâcheux,* de ces gens

> Dont il faut, au salut, les baisers essuyer.

Voy. (I, sc. I) le récit d'Éraste :

> Mon importun et lui, courant à l'embrassade,
> Ont surpris les passants de leur brusque incartade;
> Et, tandis que tous deux étaient précipités
> Dans les convulsions de leurs civilités,
> Je me suis doucement esquivé sans rien dire.

ne fait que sortir d'une maladie qui lui a rendu le visage pâle[1], comme vous le voyez.

JODELET.

Ce sont fruits des veilles de la Cour et des fatigues de la guerre.

MASCARILLE.

Savez-vous, mesdames, que vous voyez dans le vicomte un des vaillants hommes du siècle[2]? C'est un brave à trois poils.

JODELET.

Vous ne m'en devez rien, marquis, et nous savons ce que vous savez faire aussi.

MASCARILLE.

Il est vrai que nous nous sommes vus tous deux dans l'occasion.

JODELET.

Et dans des lieux où il faisait fort chaud.

MASCARILLE, regardant Cathos et Madelon.

Oui, mais non pas si chaud qu'ici. Hay, hay, hay !

JODELET.

Notre connaissance s'est faite à l'armée, et, la première fois que nous nous vîmes, il commandait un régiment de cavalerie sur les galères de Malte[3].

MASCARILLE.

Il est vrai; mais vous étiez pourtant dans l'emploi avant

1. Nous avons dit plus haut que Jodelet avait coutume de jouer ses rôles la figure enfarinée, à la manière des bouffons italiens.
2. Jodelet n'a pas l'esprit très vif : Mascarille se doute qu'il ne brillera pas trop dans la conversation et il tient à lui assurer par avance les sympathies des précieuses en le présentant comme un héros.
3. Les chevaliers de Malte entretenaient une flotte de galères pour faire la chasse aux pirates et aux Turcs. Cette invention d'un régiment de cavalerie installé sur des galères est une de ces grosses bouffonneries qui font toujours rire au théâtre. Cathos et Madelon ne se doutent pas un instant que Jodelet se moque d'elles; elles croiront tout à l'heure avec la même naïveté à la « lune entière » prise d'assaut.

que j'y fusse, et je me souviens que je n'étais que petit officier encore, que vous commandiez deux mille chevaux.

JODELET.

La guerre est une belle chose ; mais, ma foi, la Cour récompense bien mal aujourd'hui les gens de service comme nous[1].

MASCARILLE.

C'est ce qui fait que je veux pendre l'épée au croc.

CATHOS.

Pour moi, j'ai un furieux tendre pour les hommes d'épée[2].

MADELON.

Je les aime aussi : mais je veux que l'esprit assaisonne la bravoure.

1. Il est bien évident que Mascarille et Jodelet ne sont pas plus « gens de service » (voy. le Lexique), qu'ils ne sont gentilshommes. Ils n'ont jamais été soldats que comme l'Arlequin de Marivaux, (*le Jeu de l'amour et du hasard*, III, sc. VI). Arlequin, qui, pendant deux actes, a passé pour son maître, est obligé d'avouer qu'il n'est que le valet :

ARLEQUIN. Je suis.... N'avez-vous jamais vu de fausse monnaie? Savez-vous ce que c'est qu'un louis d'or faux? Eh bien, je ressemble assez à cela. — LISETTE. Achevez donc. Quel est votre nom? — ARLEQUIN. Mon nom? (*A part.*) Lui dirai-je que je m'appelle Arlequin? Non; cela rime trop avec coquin. — LISETTE. Eh bien! — ARLEQUIN. Ah dame! il y a un peu à tirer ici. Haïssez-vous la qualité de soldat? — LISETTE. Qu'appelez-vous un soldat? — ARLEQUIN. Oui, par exemple, un *soldat d'antichambre*. — LISETTE. Un soldat d'antichambre! Ce n'est donc point Dorante à qui je parle enfin? — ARLEQUIN. C'est lui qui est mon capitaine. — LISETTE. Faquin! — ARLEQUIN (*A part.*) Je n'ai pu éviter la rime.

2. On voit que Cathos, plus sotte encore que sa cousine, est tout de suite séduite par les vantardises de Jodelet. C'est un moyen bien sûr de gagner le cœur des dames que de prendre « le titre de vaillant ». Voyez ce que dit Dorante dans *le Menteur* de Corneille (I, sc. VI) :

Tout le secret ne gît qu'en un peu de grimace,
A mentir à propos, jurer de bonne grâce,
Etaler force mots qu'elles n'entendent pas....
Avoir toujours en bouche angles, lignes, fossés,
Vedette, contrescarpe et travaux avancés :
Sans ordre et sans raison, n'importe, on les étonne ;
On leur fait admirer les baies qu'on leur donne,
Et tel, à la faveur d'un semblable débit,
Passe pour homme illustre, et se met en crédit.

MASCARILLE.

Te souvient-il, vicomte, de cette demi-lune[1], que nous emportâmes sur les ennemis au siège d'Arras[2] ?

JODELET.

Que veux-tu dire, avec ta demi-lune? C'était bien une lune tout entière.

MASCARILLE.

Je pense que tu as raison.

JODELET.

Il m'en doit bien souvenir, ma foi : j'y fus blessé à la jambe d'un coup de grenade[3], dont je porte encore les marques. Tâtez un peu, de grâce, vous sentirez quelque coup, c'était là.

CATHOS.

Il est vrai que la cicatrice est grande.

MASCARILLE.

Donnez-moi un peu votre main et tâtez celui-ci : là, justement au derrière de la tête[4]. Y êtes-vous?

MADELON.

Oui, je sens quelque chose.

1. On appelait *demi-lune* un petit ouvrage de fortification formant un angle aigu saillant. Aucun ouvrage ne portait le nom de *lune :* prendre « une lune tout entière » est donc une grosse plaisanterie, assez comparable à celle de la *cavalerie des galères*. Cette plaisanterie, Molière ne l'avait peut-être pas tout à fait inventée. Un conteur du temps, Tallemant des Réaux, rapporte (t. IV, p. 204) une naïveté qu'on attribuait à un gouverneur de la Fère. Comme on avait proposé de construire une demi-lune, il dit : « Messieurs, ne faisons rien à demi pour le service du Roi; faisons-en une tout entière. »

2. Il y avait eu deux sièges d'Arras. Le premier en 1640 (le maréchal de La Meilleraye enleva la ville aux Espagnols); le second en 1654 (Arras était investi par l'armée espagnole que commandait le prince de Condé : Turenne fit lever le siège). C'est sans doute à la première de ces opérations militaires que Molière fait allusion, car nos deux héros font semblant d'évoquer des souvenirs de jeunesse.

3. Une grenade était un boulet creux que l'on remplissait de poudre et d'étoupe et que l'on jetait à la main, après en avoir allumé la mèche.

4. Si Mascarille et Jodelet ont reçu des coups, ce ne sont assurément que des coups de bâton; les cicatrices n'en sont donc pas très glorieuses. Les faire « tâter » par des dames est un manque de savoir-vivre qui ne peut pas nous surprendre chez des valets.

MASCARILLE.

C'est un coup de mousquet que je reçus la dernière campagne que j'ai faite.

JODELET.

Voici un autre coup qui me perça de part en part à l'attaque de Gravelines[1].

MASCARILLE, mettant la main sur le bouton de son haut-de-chausses.

Je vais vous montrer une furieuse plaie.

MADELON.

Il n'est pas nécessaire, nous le croyons sans y regarder[2].

MASCARILLE.

Ce sont des marques honorables, qui font voir ce qu'on est.

CATHOS.

Nous ne doutons point de ce que vous êtes.

MASCARILLE.

Vicomte, as-tu là ton carrosse?

JODELET.

Pourquoi?

MASCARILLE.

Nous mènerions promener ces dames hors des portes, et leur donnerions un cadeau.

MADELON.

Nous ne saurions sortir aujourd'hui.

1. Il y avait eu deux sièges de Gravelines, comme deux sièges d'Arras. En 1644, Gravelines avait été enlevé aux Espagnols; en 1658, il leur avait été repris de nouveau par le maréchal de la Ferté. De même que pour Arras, Molière doit faire allusion au plus ancien de ces deux sièges.

2. Mascarille pousse l'inconvenance aussi loin qu'il est possible. Madelon, qui, dans la scène v, s'effarouchait au seul nom de mariage, est à peine choquée par la grossièreté du faux marquis. Tant il est vrai que cette fausse pudeur des précieuses a moins peur des réalités que des mots.

MASCARILLE.

Ayons donc les violons pour danser.

JODELET.

Ma foi, c'est bien avisé.

MADELON.

Pour cela, nous y consentons; mais il faut donc quelque surcroît de compagnie.

MASCARILLE.

Holà, Champagne, Picard, Bourguignon, Cascaret, Basque, La Verdure, Lorrain, Provençal, La Violette[1]! Au diable soient tous les laquais! Je ne pense pas qu'il y ait gentilhomme en France plus mal servi que moi. Ces canailles me laissent toujours seul.

MADELON.

Almanzor, dites aux gens de monsieur qu'ils aillent quérir des violons, et nous faites venir ces messieurs et ces dames d'ici près, pour peupler la solitude de notre bal.

MASCARILLE.

Vicomte, que dis-tu de ces yeux?

JODELET.

Mais toi-même, marquis, que t'en semble?

MASCARILLE.

Moi, je dis que nos libertés auront peine à sortir d'ici les braies nettes[2]. Au moins, pour moi, je reçois d'étranges secousses, et mon cœur ne tient plus qu'à un filet.

1. Au XVIIe siècle, on donnait aux laquais le nom de leur province, comme *Champagne*, *Bourguignon*, ou des sobriquets comme *Cascaret* (petit homme chétif, en langage populaire).

2. C'est toujours le même procédé du langage précieux. La *liberté* est personnifiée, comme plus haut la *franchise*, les *yeux*, le *cœur*. L'image des « braies nettes » est tout à fait triviale. L'esprit de Mascarille se peint bien dans ce mélange de recherche et de grossièreté.

MADELON.

Que tout ce qu'il dit est naturel[1] ! Il tourne les choses le plus agréablement du monde.

CATHOS.

Il est vrai qu'il fait une furieuse dépense en esprit.

MASCARILLE.

Pour vous montrer que je suis véritable, je veux faire un impromptu là-dessus[2].

CATHOS.

Eh ! je vous en conjure de toute la dévotion de mon cœur. Que nous oyions quelque chose qu'on ait fait pour nous !

JODELET.

J'aurais envie d'en faire autant ; mais je me trouve un peu incommodé de la veine poétique, pour la quantité de saignées que j'y ai faites ces jours passés.

MASCARILLE.

Que diable est cela ? Je fais toujours bien le premier vers : mais j'ai peine à faire les autres. Ma foi, ceci est un peu trop pressé ; je vous ferai un impromptu à loisir, que vous trouverez le plus beau du monde[3].

JODELET.

Il a de l'esprit comme un démon.

1. Les précieuses se persuadaient volontiers qu'elles parlaient d'une façon naturelle. Cette illusion est assez singulière. Le plus grand éloge qu'on pût faire d'une phrase galante était de dire : « Comme cela est naturel ! » ou encore : « La nature s'y montre tout entière. » Dans la scène x, Mascarille, pour faire valoir un des mots de son impromptu, s'écrie : « Façon de parler naturelle ! »

2. Voy. plus haut, sc. x.

3. Cette plaisanterie des improvisations préparées d'avance n'est point tout à fait de l'invention de Molière. Un des habitués du salon de Mlle de Scudéry, un jour que tout le monde faisait des impromptus, fut obligé d'en composer un, qui n'était pas un chef-d'œuvre. Aussi protesta-t-il hautement « qu'on ne le surprendrait plus, et qu'il ne lui arriverait point de marcher sans des impromptus de poche ».

MADELON.

Et du galant, et du bien tourné.

MASCARILLE.

Vicomte, dis-moi un peu, y a-t-il longtemps que tu n'as vu la comtesse?

JODELET.

Il y a plus de trois semaines que je ne lui ai rendu visite.

MASCARILLE.

Sais-tu bien que le duc[1] m'est venu voir ce matin et m'a voulu mener à la campagne, courir un cerf avec lui?

MADELON.

Voici nos amies qui viennent.

SCÈNE XIII

JODELET, MASCARILLE, CATHOS, MADELON, MAROTTE, LUCILE, CÉLIMÈNE, VIOLONS.

MADELON.

Mon Dieu, mes chères, nous vous demandons pardon. Ces messieurs ont eu fantaisie de nous donner les âmes des pieds, et nous vous avons envoyé quérir pour remplir les vides de notre assemblée.

LUCILE.

Vous nous avez obligées sans doute.

MASCARILLE.

Ce n'est ici qu'un bal à la hâte; mais, l'un de ces jours,

1. Il est bien clair que ce duc et cette comtesse sont aussi imaginaires que le carrosse de Jodelet et les neuf laquais de Mascarille. Les deux précieuses croient tout de si bon cœur qu'on ne saurait trop leur en conter.

nous vous en donnerons un dans les formes. Les violons sont-ils venus?

ALMANZOR.

Oui, monsieur, ils sont ici.

CATHOS.

Allons donc, mes chères, prenez place.

MASCARILLE, *dansant lui seul comme par prélude*

La, la, la, la, la, la, la, la.

MADELON.

Il a tout à fait la taille élégante.

CATHOS.

Et a la mine de danser proprement.

MASCARILLE, *ayant pris Madelon.*

Ma franchise va danser la courante aussi bien que mes pieds[1]. En cadence, violons, en cadence. Oh! quels ignorants! Il n'y a pas moyen de danser avec eux. Le Diable vous emporte! Ne sauriez-vous jouer en mesure? La, la, la, la, la, la, la, la. Ferme, ô violons de village!

JODELET, *dansant ensuite.*

Holà, ne pressez pas si fort la cadence, je ne fais que sortir de maladie.

SCÈNE XIV

DU CROISY, LA GRANGE, MASCARILLE, JODELET, CATHOS, MADELON, MAROTTE, LUCILE, CÉLIMÈNE, VIOLONS.

LA GRANGE, *un bâton à la main.*

Ah! ah! coquins, que faites-vous ici? il y a trois heures que nous vous cherchons.

1. On remarquera que les galanteries de Mascarille ne sont guère variées : il ne parle jamais que des dangers que court sa liberté, en si aimable compagnie.

MASCARILLE, se sentant battre.

Ahy, ahy, ahy! vous ne m'aviez pas dit que les coups en seraient aussi.

JODELET.

Ahy, ahy, ahy!

LA GRANGE.

C'est bien à vous, infâme que vous êtes, à vouloir faire l'homme d'importance.

DU CROISY.

Voilà qui vous apprendra à vous connaître.

(Ils sortent.)

SCÈNE XV

MASCARILLE, JODELET, CATHOS, MADELON, MAROTTE, LUCILE, CÉLIMÈNE, VIOLONS.

MADELON.

Que veut donc dire ceci?

JODELET.

C'est une gageure.

CATHOS.

Quoi, vous laisser battre de la sorte!

MASCARILLE.

Mon Dieu, je n'ai pas voulu faire semblant de rien : car je suis violent, et je me serais emporté[1].

MADELON.

Endurer un affront comme celui-là, en notre présence!

MASCARILLE.

Ce n'est rien, ne laissons pas d'achever. Nous nous con-

1. Mascarille n'est point trop ému par cette catastrophe qu'il attendait. Il ne perd rien de son aplomb et essaye encore de sauver les apparences et de faire une retraite honorable.

naissons il y a longtemps, et entre amis on ne va pas se piquer pour si peu de chose.

SCÈNE XVI

DU CROISY, LA GRANGE, MASCARILLE, JODELET, MADELON, CATHOS, MAROTTE, LUCILE, CÉLIMÈNE, VIOLONS.

LA GRANGE.

Ma foi, marauds, vous ne vous rirez pas de nous, je vous promets. Entrez, vous autres!

Trois ou quatre spadassins entrent.

MADELON.

Quelle est donc cette audace de venir nous troubler de la sorte, dans notre maison?

DU CROISY.

Comment, mesdames, nous endurerons que nos laquais soient mieux reçus que nous, qu'ils viennent vous faire l'amour à nos dépens et vous donnent le bal?

MADELON.

Vos laquais!

LA GRANGE.

Oui, nos laquais, et cela n'est ni beau, ni honnête, de nous les débaucher comme vous faites.

MADELON.

O ciel, quelle insolence!

LA GRANGE.

Mais ils n'auront pas l'avantage de se servir de nos habits, pour vous donner dans la vue, et, si vous les voulez aimer, ce sera, ma foi, pour leurs beaux yeux. Vite qu'on les dépouille sur-le-champ!

JODELET.

Adieu notre braverie.

MASCARILLE.

Voilà le marquisat et la vicomté à bas[1].

DU CROISY.

Ah! ah! coquins, vous avez l'audace d'aller sur nos brisées! Vous irez chercher autre part de quoi vous rendre agréables aux yeux de vos belles, je vous en assure.

LA GRANGE.

C'est trop que de nous supplanter, et de nous supplanter avec nos propres habits.

MASCARILLE.

O Fortune, quelle est ton inconstance!

DU CROISY.

Vite, qu'on leur ôte jusqu'à la moindre chose[2].

LA GRANGE.

Qu'on emporte toutes ces hardes, dépêchez. Maintenant, mesdames, en l'état qu'ils sont, vous pouvez continuer vos amours avec eux, tant qu'il vous plaira; nous vous laissons toute sorte de liberté pour cela, et nous vous protestons, monsieur et moi, que nous n'en serons aucunement jaloux.

1. Voy. dans *le Jeu de l'amour et du hasard* la scène (acte III, sc. vi) dont nous avons parlé plus haut. « La jolie culbute que je fais là! » s'écrie Arlequin, quand il est reconnu pour ce qu'il est.

2. C'est-à-dire qu'on ne leur laisse que les vêtements indispensables. « Au théâtre, dit M. Despois, il y a là un jeu de scène qui n'est pas de très bon goût et dont l'origine semble remonter assez haut. On dépouille Mascarille et Jodelet de leurs habits d'emprunt. Jodelet, pour dissimuler sa maigreur, s'était couvert d'un grand nombre de gilets qu'on lui enlève successivement; il paraît enfin en chef de cuisine; après avoir tiré de sa ceinture un bonnet blanc dont il se coiffe, il s'agenouille respectueusement devant Cathos, qui le repousse avec horreur. (*OEuvres de Molière*, t. II, p. 113.)

SCÈNE XVII

MADELON, CATHOS, JODELET, MASCARILLE, VIOLONS.

CATHOS.

Ah! quelle confusion!

MADELON.

Je crève de dépit.

VIOLONS, au marquis.

Qu'est-ce donc que ceci? Qui nous payera nous autres?

MASCARILLE.

Demandez à monsieur le vicomte.

VIOLONS, au vicomte.

Qui est-ce qui nous donnera de l'argent?

JODELET.

Demandez à monsieur le marquis.

SCÈNE XVIII

GORGIBUS, MASCARILLE, JODELET, MADELON, CATHOS, VIOLONS.

GORGIBUS.

Ah! coquines que vous êtes, vous nous mettez dans de beaux draps blancs, à ce que je vois, et je viens d'apprendre de belles affaires vraiment, de ces messieurs qui sortent.

MADELON.

Ah! mon père, c'est une pièce sanglante qu'ils nous ont faite.

GORGIBUS.

Oui, c'est une pièce sanglante, mais qui est un effet de votre impertinence, infâmes. Ils se sont ressentis du traitement que vous leur avez fait; et cependant, malheureux que je suis, il faut que je boive l'affront[1].

MADELON.

Ah! je jure que nous en serons vengées, ou que je mourrai en la peine[2]. Et vous, marauds, osez-vous vous tenir ici, après votre insolence?

MASCARILLE.

Traiter comme cela un marquis! Voilà ce que c'est que du monde; la moindre disgrâce nous fait mépriser de ceux qui nous chérissaient. Allons, camarade, allons chercher fortune autre part; je vois bien qu'on n'aime ici que la vaine apparence, et qu'on n'y considère point la vertu toute nue[3].

(Ils sortent tous deux.)

SCÈNE XIX

GORGIBUS, MADELON, CATHOS, VIOLONS.

UN DES VIOLONS.

Monsieur, nous entendons que vous nous contentiez, à leur défaut, pour ce que nous avons joué ici.

GORGIBUS, les battant.

Oui, oui, je vous vais contenter, et voici la monnaie dont

1. Gorgibus est en effet aussi puni que sa fille et que sa nièce. N'est-il pas aussi un peu coupable? N'a-t-il pas encouragé par son indulgence et sa faiblesse des extravagances qu'il condamne trop tard?
2. Voy. la notice.
3. Rien de plus amusant que cette résignation mélancolique d'un vainqueur dont le triomphe a été si brillant, mais si éphémère. En dépit des coups qu'il a reçus, Mascarille s'en va content. Ce laquais vaniteux a réalisé son rêve : il a passé, pendant une heure, pour un grand seigneur. Ce sot a trouvé de plus sottes que lui, qui l'ont admiré.

je vous veux payer. Et vous, pendardes, je ne sais qui me tient que je ne vous en fasse autant. Nous allons servir de fable et de risée à tout le monde[1], et voilà ce que vous vous êtes attiré par vos extravagances. Allez vous cacher, vilaines, allez vous cacher pour jamais. (Seul.) Et vous, qui êtes cause de leur folie, sottes billevesées, pernicieux amusements des esprits oisifs, romans, vers, chansons, sonnets et sonnettes[2], puissiez-vous être à tous les diables[3]!

1. L'affront qu'ont reçu Cathos et Madelon doit leur être en effet d'autant plus douloureux qu'il a été public. Les amies des deux précieuses, qui sont justement arrivées pour assister à ce petit scandale, ne manqueront pas, par bonté d'âme, de le raconter à tout venant.

2. Cette boutade de Gorgibus ressemble fort à celle de la scène v. On pourrait la rapprocher d'un mot analogue de Malherbe. Comme ce poète s'essayait à composer des sonnets irréguliers, dont les quatrains n'étaient pas de mêmes rimes, Racan, son disciple, lui fit remarquer qu'on ne pouvait pas faire un sonnet, si on n'observait pas les règles du sonnet : « Eh bien, s'écria Malherbe, avec une brusquerie qui lui était assez ordinaire, si ce n'est pas un sonnet, c'est une *sonnette!* »

3. Cette exclamation de Gorgibus fait songer aux imprécations de la gouvernante de Don Quichotte : « Ah! malheureux! je n'en puis douter, et cela est aussi vrai que je suis née pour mourir, ce sont ces maudits romans de chevalerie, sa seule et constante lecture, qui lui ont tourné la tête... Que Satan et Barrabas emportent tous ces livres qui ont ainsi perdu l'esprit le plus délicat qu'il y ait en dans toute la Manche! » (*Don Quichotte*, traduction Damas-Hinard, t. Ier, p. 39.)

C'est à dessein que nous terminons par cette citation de *Don Quichotte*. Il y a en effet une analogie frappante entre cette œuvre et la pièce de Molière. Ne montrent-elles pas toutes deux le mal que peuvent faire à des esprits faibles les grands romans ou les petits vers? Ne sont-elles pas toutes deux une revanche du bon sens? Ne sont-elles pas pleines toutes deux d'une étourdissante gaieté?

FIN.

APPENDICES

I

RÉCIT

EN VERS ET EN PROSE

DE LA FARCE DES PRÉCIEUSES

PAR MADEMOISELLE DESJARDINS

Une femme d'esprit, qui avait connu Molière en province et qui était restée son amie, Mlle Desjardins, plus connue sous le nom de Mme de Villedieu, avait assisté à une des premières représentations des *Précieuses ridicules*. Elle eut l'heureuse idée d'écrire à une amie pour lui raconter cette « farce » qui l'avait beaucoup divertie. Ce récit eut du succès, il fut imprimé, en 1660, par les soins du libraire Barbin : nous en possédons même une copie manuscrite qu'on a retrouvée dans les papiers de Conrart.

Ce petit ouvrage a un grand intérêt à nos yeux : il nous donne un résumé amusant de la pièce de Molière et il nous fait connaître l'impression que cette pièce produisit dès les premiers jours sur les personnes intelligentes du temps.

Nous ne donnons ici que la seconde partie du récit : la première est trop longue pour être reproduite. Il faut cependant savoir que, dans cette première partie, Mlle Desjardins raconte la scène où les deux précieuses reçoivent si mal La Grange et Du Croisy, comme si cette scène était réellement jouée sur le théâtre. Faut-il supposer que Mlle Desjardins avait déjà un peu oublié la pièce, au moment où elle la racontait ? Ne faut-il pas croire plutôt que Molière avait d'abord fait cette scène entre Cathos et Madelon et leurs deux prétendants et que, la trouvant mauvaise à la représentation, pour les raisons que nous avons données plus haut[1], il la supprima plus tard et la remplaça par le récit que font au commencement Du Croisy et La Grange ?

Nous savons en effet par une lettre de Brossette, l'ami de Boileau, que « quand Molière avait fait une pièce, il en corrigeait les défauts sur l'effet qu'il voyait qu'elle produisait sur le théâtre, et qu'ensuite il la faisait imprimer ».

Nous prenons le récit de Mlle Desjardins au moment où arrive Mascarille.

1. Voyez p. 35, note 2.

«... La servante vint dire à ses maîtresses qu'un laquais demandait à leur parler. Si vous pouviez concevoir, madame, combien ce mot de laquais est rude pour des oreilles précieuses, nos héroïnes vous feraient pitié. Elles firent un grand cri, et, regardant cette petite créature avec mépris : « Mal apprise, lui dirent-elles, ne savez-vous pas que cet officier se nomme un nécessaire? »

La réprimande faite, le nécessaire entra, qui dit aux précieuses que le marquis de Mascarille, son maître, envoyait savoir s'il ne les incommoderait point de les venir voir. L'offre était trop agréable à nos dames, pour la refuser[1]; aussi l'acceptèrent-elles de grand cœur; et, sur la permission qu'elles en donnèrent, le marquis entra, dans un costume si plaisant, que j'ai cru ne vous pas déplaire en vous en faisant la description.

Imaginez-vous donc, madame, que sa perruque était si grande, qu'elle balayait la place à chaque fois qu'il faisait la révérence, et son chapeau si petit, qu'il était aisé de juger que le marquis le portait bien plus souvent dans la main que sur la tête; son rabat se pouvait appeler un honnête peignoir[2], et ses canons[3] semblaient n'être faits que pour servir de caches aux enfants qui jouaient à cligne-musette[4]... Un brandon[5] de galants[6] lui sortait de sa[7] poche comme d'une corne d'abondance, et ses souliers étaient si couverts de rubans, qu'il ne m'est pas possible de vous dire s'ils étaient de vache d'Angleterre ou de maroquin; du moins sais-je bien qu'ils avaient un demi-pied de haut, et que j'étais fort en peine de savoir comment des talons si hauts et si délicats pouvaient porter le corps du marquis, ses rubans, ses canons et sa poudre. Jugez de l'importance du personnage sur cette figure, et me dispensez, s'il vous plaît, de vous en dire davantage : aussi bien faut-il que je passe au plus plaisant endroit de la pièce, et que je vous dise la conversation que nos précieux et nos précieuses eurent ensemble.

DIALOGUE DE MASCARILLE, DE PHILIMÈNE ET DE CLYMÈNE (CATHOS et MADELON)[8].

CLYMÈNE.

L'odeur de votre poudre est des plus agréables,
Et votre propreté des plus inimitables.

MASCARILLE.

Ah! je m'inscris en faux : vous voulez me railler :
A peine ai-je eu le temps de pouvoir m'habiller.
Que dites-vous pourtant de cette garniture?
La trouvez-vous congruente à l'habit?

CLYMÈNE.

C'est Perdrigeon[9] tout pur.

1. Il faudrait dire aujourd'hui : pour qu'elles la refusassent.
2. Son rabat était si large qu'on l'aurait pris pour un peignoir.
3. Sur ce mot, voy. le Lexique.
4. C'est le jeu que nous appelons aujourd'hui *cache-cache*.
5. Un bouquet.
6. De rubans, de faveurs.
7. Il faudrait dire aujourd'hui : lui sortaient de la poche.
8. Il va sans dire que les vers sont de la façon de Mlle Desjardins, on s'en aperçoit vite. Elle paraphrase assez platement la prose de Molière.
9. Voyez ce mot, p. 66, note 1.

PHILIMÈNE.

Que monsieur a d'esprit!
L'esprit paraît même dans la parure.

MASCARILLE.

Ma foi, sans vanité, je crois l'entendre un peu.
Mesdames, trouvez-vous ces canons du vulgaire?
Ils ont du moins un quart de plus qu'à l'ordinaire....
Ahy! ahy! ahy! ahy!

PHILIMÈNE.

Hé, bon Dieu! qu'avez-vous?
Vous trouvez-vous point mal?

MASCARILLE.

Non, mais je crains vos coups.
Frappez plus doucement, mesdames, je vous prie.
Vos yeux n'entendent pas la moindre raillerie.
Quoi, sur mon pauvre cœur toutes deux à la fois!
Il n'en fallait point tant pour le mettre aux abois.
Ne l'assassinez plus, divines meurtrières.

CLYMÈNE.

Ma chère, qu'il sait bien les galantes manières!

PHILIMÈNE.

Ah! c'est un Amilcar[1], ma chère, assurément.

MASCARILLE.

Aimez-vous l'enjoué?

PHILIMÈNE.

Oui, mais terriblement.

MASCARILLE.

Ma foi, j'en suis ravi, car c'est mon caractère :
On m'appelle Amilcar aussi pour l'ordinaire.
A propos d'Amilcar, voyez-vous quelque auteur?

CLYMÈNE.

Nous ne jouissons pas encor de ce bonheur;
Mais on nous a promis les belles compagnies
D'auteurs des *Poésies choisies*.

MASCARILLE.

Ah! je vous en veux amener :
Je les ai tous les jours à ma table à dîner;
C'est moi seul qui vous puis donner leur connaissance.
Mais ils n'ont jamais fait de pièces d'importance.
J'aime pourtant assez le rondeau, le sonnet;
J'y trouve de l'esprit, et lis un bon portrait
Avec quelque plaisir. Et vous, que vous en semble?

CLYMÈNE.

Lorsque vous le voudrez, nous en lirons ensemble.
Mais ce n'est pas mon goût; et je m'y connais mal
Ou vous aimeriez mieux lire un beau madrigal.

MASCARILLE.

Vous avez le goût fin. — Nous nous mêlons d'en faire.
Je vous en veux dire un qui vous pourra bien plaire :

1. Voyez ce mot, p. 52, note 1.

Il est joli, sans vanité,
Et dans le caractère tendre.
Nous autres gens de qualité,
Nous savons tout sans rien apprendre.
Vous en allez juger : écoutez seulement.

MADRIGAL DE MASCARILLE.

Ho! ho! je n'y prenais pas garde :
Alors que, sans songer à mal, je vous regarde,
Votre œil en tapinois vient dérober mon cœur.
Au voleur! au voleur! au voleur! au voleur!

CLYMÈNE.

Ma chère, il est poussé dans le dernier galant,
Il est du dernier fin, il est inimitable,
Dans le dernier touchant ; je le trouve admirable,
Il m'emporte l'esprit...

MASCARILLE.

Et ces voleurs, les trouvez-vous plaisants?
Ce mot de *tapinois?*

CLYMÈNE.

Tout est juste, à mon sens.
Aux meilleurs madrigaux il peut faire la nique,
Et j'aime ce *ho, ho!* mieux qu'un poème épique.

MASCARILLE.

Puisque cet impromptu vous donne du plaisir,
J'en veux faire un pour vous tout à loisir.
Le madrigal me donne peu de peine,
Et mon génie est tel pour ces vers inégaux,
Que j'ai traduit en madrigaux,
Dans un mois, l'histoire romaine.

Si les vers ne me coûtaient pas davantage à faire qu'au marquis de Mascarille, je vous dirais dans ce genre d'écrire tous les applaudissements que les précieuses donnèrent au précieux. Mais, madame, mon enthousiasme commence à me quitter, et vous trouverez bon, madame, s'il vous plaît, que je vous dise en prose que Mascarille conta ses exploits à ces dames, et leur dit qu'il avait commandé deux mille chevaux sur les galères de Malte. Un de ses intimes amis survint, qui lui dit qu'il avait eu un coup de mousquet dans la tête et qu'il avait rendu sa balle en éternuant[1]. Enfin il se trouve que les précieux sont valets des deux amants maltraités et que les précieuses sont bernées. Voilà comment finit la farce...»

1. Cette grosse bouffonnerie ne se trouve pas dans la pièce de Molière : elle était sans doute de l'invention de l'acteur Jodelet.

II

LES PRÉCIEUSES MISES EN VERS PAR SOMAIZE

(EXTRAIT)

Nous avons dit plus haut[1] que Somaize avait daigné faire à Molière l'honneur de mettre sa pièce en vers. Nous citons ici un très court passage des *Précieuses ridicules mises en vers,* pour faire voir combien la copie rimée est inférieure à l'original[2].

SECONDE PARTIE DE LA SCÈNE V[3]

CATHOS.

Et quel moyen aussi de recevoir des gens
Qu'à faire leur devoir on voit si négligents,
Qui n'ont de dire un mot pas même l'industrie,
Et qui sont incongrus dans la galanterie?
Pour moi, sans croire ici follement m'engager,
Contre qui le voudra j'oserai bien gager
Que leur esprit jamais ne fut né pour apprendre
Ce que c'est que l'amour et la carte de Tendre,
Qu'ils ont le jugement tout à fait de travers,
Et que Billets-Galants, Petits-Soins, Jolis-Vers,
Billets-Doux, sont pour eux des terres inconnues,
Comme si maintenant ils descendaient des nues.
Je puis vous dire encor, sans en demeurer là,
Que tout leur procédé marque assez bien cela,
Et qu'on ne trouve point dans toute leur personne
Ce je ne sais quel charme, et qui dans l'abord donne,
Par un air attirant et de condition,
De quantité de gens fort bonne opinion.
Vit-on jamais encor chose plus merveilleuse?
Oser venir tous deux en visite amoureuse
Avecque des chapeaux de plume désarmés!
Ne paraître tous deux nullement enflammés!
Avoir avec cela la jambe tout unie,
La tête de cheveux tout à fait dégarnie,
Toute irrégulière, et des habits, enfin,
Qui ressemblent à ceux de quelque vrai gredin,
Et souffrent de rubans une extrême indigence!
Ah! mon Dieu, quels amants! J'en rougis, quand j'y pense.
Quelle frugalité d'ajustement, bon Dieu!
Est-ce ainsi que l'on doit venir offrir ses vœux?

1. Voy. la notice.
2. Rien n'est d'ailleurs plus dangereux que de toucher aux œuvres du génie. Thomas Corneille qui, après la mort de Molière, fut chargé par sa veuve de mettre en vers le *Festin de Pierre*, ne réussit guère mieux que Somaize, bien qu'il eût trouvé plus d'un beau vers dans la prose de Molière. Pourtant sa pièce fut longtemps jouée de préférence à l'original, et ce n'est guère qu'au milieu de ce siècle qu'on est revenu au vrai *Don Juan*.
3 Nous ne donnons pas la longue tirade de Madelon sur l'amour précieux, ayant déjà cité les vers de Mlle Desjardins, qui donnent les règles de cet amour.

Quelle indigence en tout, et quelle sécheresse
De conversation! Ah! tout cela me blesse;
Toujours on y languit, on n'y tient point. Hélas!
J'ai remarqué de plus encor que leurs rabats,
Par l'excès surprenant d'une avarice honteuse,
N'ont jamais été faits par la bonne faiseuse;
Qu'il s'en faut demi-pied, je le dis sans erreur,
Que leurs chausses enfin n'aient assez de largeur.

GORGIBUS.

Voilà de grands discours que je ne puis entendre.
A tout ce baragouin qui pourrait rien comprendre?
Elles sont folles! Vous, Cathos et Magdelon,
Apprenez aujourd'hui que je veux tout de bon
Que vous vous prépariez...

MAGDELON.

Hé! de grâce, mon père,
De ces étranges noms tâchez de vous défaire,
Et, si vous le pouvez, nommez-nous autrement.

GORGIBUS.

O Dieu! qu'entends-je dire? étranges noms! Comment?
Et ne sont-ce pas là vos vrais noms de baptême?

MAGDELON.

Votre stupidité va jusques à l'extrême.
Que vous êtes vulgaire avec ces sentiments!
Ah! pour moi, le plus grand de mes étonnements
Est que vous ayez fait une fille si sage.

III

LES VÉRITABLES PRÉCIEUSES DE SOMAIZE

(EXTRAIT)

Somaize avait bien voulu mettre en vers les *Précieuses ridicules;* il consentit aussi à reprendre le sujet, dont Molière avait tiré si mauvais parti, et à montrer au public comment il fallait le traiter. Persuadé que lui seul connaissait le monde des ruelles et pouvait en révéler les mystères, il appela sa comédie les *Véritables Précieuses.* Dans cette contrefaçon déguisée, il n'y avait ni intrigue, ni mouvement, ni esprit, mais seulement des locutions précieuses que l'auteur avait ajustées bout à bout de manière à former des phrases, sans art, sans souci de la vraisemblance, avec la seule préoccupation d'en mettre le plus possible.

Les quelques lignes que nous citons suffiront à prouver que Somaize avait plus de prétention que de talent, que pour jouer les précieuses au théâtre il ne suffisait pas de les avoir vues, et que, pour les faire parler, ce n'était pas assez de savoir leur langage.

On admirera davantage l'œuvre de Molière en voyant ce que faisait à côté de lui, après lui, un auteur qui n'était pas tout à fait un sot.

SCÈNE VI

LE BARON DE LA TAUPINIÈRE, ARTÉMISE, ISCARIE, PRÉCIEUSES.

LE BARON *(saluant)*.

Vous aurez sujet, mesdames, de trouver mon procédé audacieux; mais il est bien difficile de ne pas visiter souvent l'extrait de l'esprit humain.

ISCARIE.

Ah! monsieur, c'est nous mettre trop avant dans le rang favori de votre pensée [1], et nous sommes trop sensibles à la gratitude de vos termes de ruelles.

LE BARON.

Ce n'est pas d'aujourd'hui que je sais que vous possédez entièrement le vent du bureau [2], et que devant vous les plus beaux esprits ne sauraient faire feu [3].....

ISCARIE.

Ma commune [4]! Fournissez-nous ici les trônes de la ruelle [5]. *(La servante apporte des fauteuils.)*

ARTÉMISE.

Monsieur, prenez figure [6], s'il vous plait. *(Il s'assied).*

LE BARON.

Avez-vous grande foule d'alcôvistes chez vous?.....

ISCARIE.

Nous en avons plusieurs et de la vieille roche [7].....; quoique nous ayons quelques diseuses de pas vrai [8], nous n'avons point de ces diseuses d'inutilités qui ignorent la force des mots et le friand du goût.

LE BARON.

Sans doute, quantité de celles qui vous viennent voir vous servent de mouches [9], et l'on y en pourrait trouver aussi dont la neige du visage se fond [10].

ARTÉMISE.

Il est vrai que l'on y en pourrait trouver qui lustrent leur visage [11], mais,

1. C'est faire trop de cas de nous.
2. Que vous êtes tout à fait au courant de ce qui se passe dans les assemblées précieuses.
3. Ne pourraient briller.
4. Ma servante.
5. Des fauteuils.
6. Asseyez-vous.
7. De haute noblesse.
8. Menteuses.
9. Sont moins belles que vous et font valoir votre beauté par le contraste.
10. Qui sont vieilles.
11. Qui se fardent.

outre que celles-là sont graves par leur antiquité, les troupes auxiliaires de leur esprit soutiennent assez leurs ambiguïtés d'appas [1].

LE BARON.

Il faut avouer, mesdames, qu'il y a grand plaisir à faire figure dans le monde.

ISCARIE.

Vous l'y faites, sans doute, bien avantageusement, puisque vous avez dix mille livres de rente en fonds d'esprit, qu'aucun créancier ne peut saisir ni arrêter [2].

LE BARON.

De grâce, arrêtez là ce discours obligeant, car je me verrais réduit dans l'incapacité de vous répondre..... Mais à propos, je fus, il y a quelque temps, chez Madame ***. Que dites-vous d'elle?

ARTÉMISE.

C'est une personne qui a des lumières éloignées [3].

ISCARIE.

Pour moi, je tiens qu'elle a l'âme mal demeurée [4].

LE BARON.

Et moi, je ne sais qu'en croire. Il y a quantité de gens qui tiennent qu'elle a un œuf caché sous la cendre [5].

ARTÉMISE.

Si vos sentiments sont partialisés là-dessus, vous devez au moins avouer qu'elle a les miroirs de l'âme [6] fort beaux, la bouche bien façonnée; qu'elle est d'une vertu sévère [7], et qu'elle articule bien sa voix [8].

ISCARIE.

Mais ce qui est de plus fâcheux, c'est qu'elle est unie à un inquiet [9] et qu'elle est de la petite portion [10].

LE BARON.

Je voudrais bien la voir ici, car je ne l'ai jamais vue qu'avec l'instrument de la curiosité [11] sur le visage, etc.

1. Leur esprit fait oublier leur laideur.
2. Puisque vous avez beaucoup d'esprit.
3. Des connaissances confuses.
4. Qu'elle a peu d'intelligence.
5. Qu'elle a de l'esprit et qu'elle n'en a pas la clef.
6. Les yeux.
7. Cette expression était nouvelle et Somaize la donne comme précieuse : elle était heureuse et elle est restée dans la langue.
8. Qu'elle chante bien.
9. Un homme d'affaires.
10. Qu'elle a peu de fortune.
11. Un masque.

IV

DESCRIPTION D'UNE ASSEMBLÉE DE PRÉCIEUSES

(EXTRAIT DU *PROCÈS DES PRÉCIEUSES* DE SOMAIZE)

Dans *le Procès des Précieuses,* petite pièce en vers burlesques, dont nous avons déjà parlé dans la notice, Somaize fait, en un style d'ailleurs fort médiocre, la description d'une assemblée précieuse. Cette description ne manque pas d'intérêt pour nous, parce qu'elle nous fait connaître cette société singulière par ses côtés extérieurs. Nous savons, par Molière et par d'autres, ce qui se disait dans les ruelles; Somaize nous montre comment on s'y tenait et comment on y était vêtu.

C'est un valet, Roguespine, qui décrit la chambre dans laquelle par hasard il vit

Des précieuses de Paris
Une longue et nombreuse bande.

Cette chambre était assez sombre,
Le grand jour n'y pouvant entrer,
A cause qu'elles font tirer,
Pour l'empêcher de trop paraître,
Des rideaux devant la fenêtre,
Sachant que la grande clarté
Efface un peu de la beauté.
J'ai remarqué depuis ensuite,
Quoique la chambre fût petite,
Que depuis la porte on voyait
Un paravent qui s'étendait
Jusqu'auprès de la cheminée.....
De ladite chambre, le reste,
Sincèrement je le proteste,
Je n'examinai nullement,
Pour ne pas perdre le moment,
Que j'avais de lorgner ces belles
Dedans l'une de leurs ruelles.
Seize environ elles étaient;
De plus, toutes elles avaient,
Au moins ne s'en fallait-il guère,
Assis sur leurs manteaux par terre,
Paraissant fort humiliés,
Un homme chacune à leurs pieds,
Sans ceux qui, très fort à leur aise,
Etaient assis dans une chaise
Et faisaient peu les courtisans.
Elles avaient tant de rubans,
Que je dis, sans dire sornettes,
Que comme mulets de sonnettes
Elles étaient, et croyez-moi,
Toutes chargées, par ma foi.

La plupart encore d'entre elles,
Soit des laides ou soit des belles,
Tenaient, avec un air badin,
Chacune une canne à la main,
La faisant brandiller sans cesse.....
Beaucoup, sans attendre aux dimanches,
Avaient mis des coiffures blanches,
Qui toutes en pointes étaient;
Beaucoup d'autres encore avaient
Coiffures à la paysanne.....
Je puis dire que leurs habits
Etaient faits de fort beaux tabis [1]
Et d'autres étoffes très rares.....
Ceux qui, si fort humiliés,
Etaient abaissés à leurs pieds
Et montraient un cœur plein de flambes [2]
N'avaient point, presque tous, de jambes :
Du moins ne les voyait-on pas,
Tant le rond et grand embarras
De leurs canons à trois étages
A leurs jambes faisaient d'ombrages.
Leur estomac assurément
Et leurs épaules mêmement
Etaient, j'en ose jurer, certes
De grands cheveux toutes couvertes,
Et, pour avoir plus de beauté,
Leur visage était moucheté [3].
Ils avaient, selon leurs coutumes,
Des chapeaux tout chargés de plumes,
Et des rabats tout à fait beaux,
Qui jusqu'à l'épine du dos
Descendaient à tous par derrière.....

1. Espèce d'étoffe de soie.
2. De flammes.
3. Orné de mouches. On voit par ce passage que les hommes aussi bien que les femmes se mettaient sur le visage de ces petits morceaux de taffetas noir, pour faire ressortir la blancheur de leur teint.

V

EXTRAITS DES DICTIONNAIRES DE SOMAIZE

A

Extraits du premier dictionnaire.

EXPRESSIONS RIDICULES DES PRÉCIEUSES	TRADUCTIONS
L'immobile qui marche toujours.	Le cadran.
Les fils du vent et de l'argile.	Les verres.
Les écluses du cerveau.	Le nez.
L'élément liquide, l'élément combustible.	L'eau, le feu.
La porte du jour.	Une fenêtre.
Prendre les nécessités méridionales.	Dîner.
Un bain intérieur.	Un verre d'eau.
L'affronteur des temps.	Le chapeau.
Le rempart du beau teint.	Un masque.
Les bras de Vulcain.	Les chenets.
La petite maison d'Eole.	Un soufflet.
L'effronté qui ne rougit pas ou l'interprète muet des cœurs.	Le papier à lettres.
Inutile, ôtez le superflu de cet ardent.	Laquais, mouchez la chandelle.
Ma commune, allez quérir mon zéphyr dans mon précieux.	Ma suivante, allez quérir mon éventail dans mon cabinet.
Apportez-moi un dédale que je délabyrinthe mes cheveux.	Apportez-moi un peigne que je démêle mes cheveux.
J'avoue que ce charmant insensible est furieusement beau.	J'avoue que ce portrait est tout à fait beau.
Je suis trop avant dans le rang favori de votre pensée.	Vous m'estimez trop.

Extraits du deuxième dictionnaire.

Une belle mouvante.	Une belle main.
Le vermillon de la honte.	La pudeur.
De beaux aveugles ou des muets illustres.	Des figures de marbre.
Tracer des chiffres d'amour.	Danser.
Ah! ma chère, le plus beau monde est aujourd'hui bien pressant.	Ma chère, le soleil est bien chaud aujourd'hui.
J'ai trouvé en cette personne un rayon d'esprit assez beau, mais brouillé et engagé dans un principe provincial et nécessiteux.	J'ai trouvé en cette personne de l'esprit, mais j'ai reconnu en elle quelque chose de provincial.

B

Extraits du premier et du deuxième dictionnaire.

EXPRESSIONS HEUREUSES ET QUI SONT RESTÉES DANS LA LANGUE [1]	TRADUCTIONS QU'EN DONNE SOMAIZE
Mes cheveux sont d'un blond hardi.	Mes cheveux ne sont ni blonds, ni roux, mais ils participent de l'un et de l'autre.
Je crains de m'encanailler.	Je crains la connaissance de gens qui n'ont pas vu le monde.
Elle est d'une humeur communicative.	Elle aime la compagnie.
Je sais bien ce que je veux dire, mais le mot me manque.	Je sais bien ce que je veux dire, mais je ne puis m'expliquer comme je voudrais.
Revêtir ses pensées d'expressions nobles et vigoureuses.	Expliquer ses pensées avec énergie.
Cette personne n'a que le masque de la générosité.	Cette personne n'est pas si généreuse qu'elle paraît.
Cet homme laisse mourir la conversation.	Cet homme ne parle point en conversation.
La poésie de cet homme est bien châtiée.	La poésie de cet homme est bien nette.
Dépenser une heure à quelque chose.	Passer une heure à quelque chose.
Les gros secrets.	Les secrets de conséquence.
Un sourire amer.	Un sourire forcé.
Les bras m'en tombent.	Je suis fort surprise.
Des termes de corps de garde.	Des termes vulgaires et grossiers.
Daphné a toute son âme dans les yeux.	Qui voit Daphné la connaît.
Etc., etc	

1. Voyez la notice.

VI

PASSAGES DES AUTRES PIÈCES DE MOLIÈRE

QU'IL FAUT RAPPROCHER DES PRÉCIEUSES RIDICULES[1]

A

LES FACHEUX, ACTE II, SC. IV

UNE DISCUSSION DE MORALE GALANTE

« ... L'on ne manque jamais de mettre sur le tapis une question galante qui exerce les esprits de l'assemblée. »

(*Les Précieuses ridicules*, sc. v.)

ORANTE, CLIMÈNE, ÉRASTE, *dans un coin du théâtre sans être aperçu.*

ORANTE.

Tout le monde sera de mon opinion.

CLIMÈNE.

Croyez-vous l'emporter par obstination ?

ORANTE.

Je pense mes raisons meilleures que les vôtres.

CLIMÈNE.

Je voudrais qu'on ouït les unes et les autres.

ORANTE, *apercevant Éraste.*

J'avise un homme ici qui n'est pas ignorant :
Il pourra nous juger sur notre différend.
Marquis, de grâce, un mot; souffrez qu'on vous appelle
Pour être entre nous deux juge d'une querelle,
D'un débat qu'ont ému nos divers sentiments
Sur ce qui peut marquer les plus parfaits amants.

ÉRASTE.

C'est une question à vider difficile;
Et vous devez chercher un juge plus habile.

1. Voy. la notice.

ORANTE.

Non, vous nous dites là d'inutiles chansons,
Votre esprit fait du bruit et nous vous connaissons;
Nous savons que chacun vous donne à juste titre....

ÉRASTE.

Hé! de grâce.....

ORANTE.

En un mot, vous serez notre arbitre,
Et ce sont deux moments qu'il vous faut nous donner.

CLIMÈNE, *à Orante.*

Vous retenez ici qui doit vous condamner :
Car enfin, s'il est vrai ce que j'en ose croire,
Monsieur à mes raisons donnera la victoire.

ÉRASTE, *à part.*

Que ne puis-je à mon traître inspirer le souci
D'inventer quelque chose à me tirer d'ici !

ORANTE, *à Climène.*

Pour moi, de son esprit j'ai trop bon témoignage
Pour craindre qu'il prononce à mon désavantage.
A Éraste.
Enfin, ce grand débat qui s'allume entre nous
Est de savoir s'il faut qu'un amant soit jaloux.

CLIMÈNE.

Ou, pour mieux expliquer ma pensée et la vôtre,
LEQUEL DOIT PLAIRE PLUS D'UN JALOUX OU D'UN AUTRE.

ORANTE.

Pour moi, sans contredit, je suis pour le dernier.

CLIMÈNE.

Et dans mon sentiment je tiens pour le premier.

ORANTE.

Je crois que notre cœur doit donner son suffrage
A qui fait éclater du respect davantage.

CLIMÈNE.

Et moi, que, si nos vœux doivent paraître au jour,
C'est pour celui qui fait éclater plus d'amour.

ORANTE.

Oui, mais on voit l'ardeur dont une âme est saisie
Bien mieux dans les respects que dans la jalousie.

CLIMÈNE.

Et c'est mon sentiment que qui s'attache à nous
Nous aime d'autant plus qu'il se montre jaloux.

ORANTE.

Fi! ne me parlez point, pour être amants, Climène,
De ces gens dont l'amour est fait comme la haine,
Et qui, pour tous respects et toute offre de vœux,
Ne s'appliquent jamais qu'à se rendre fâcheux;
Dont l'âme, que sans cesse un noir transport anime,
Des moindres actions cherche à nous faire un crime,

En soumet l'innocence à son aveuglement,
Et veut sur un coup d'œil un éclaircissement;
Qui, de quelque chagrin nous voyant l'apparence,
Se plaignent aussitôt qu'il naît de leur présence;
Et, lorsque dans nos yeux brille un peu d'enjouement,
Veulent que leurs rivaux en soient le fondement;
Enfin, qui, prenant droit des fureurs de leur zèle,
Ne nous parlent jamais que pour faire querelle,
Osent défendre à tous l'approche de nos cœurs,
Et se font les tyrans de leurs propres vainqueurs.
Moi, je veux des amants que le respect inspire;
Et leur soumission marque mieux notre empire.

CLIMÈNE.

Fi! ne me parlez point, pour être vrais amants,
De ces gens qui, pour nous, n'ont nuls emportements,
De ces tièdes galants de qui les cœurs paisibles
Tiennent déjà pour eux les choses infaillibles,
N'ont point peur de nous perdre, et laissent, chaque jour,
Sur trop de confiance endormir leur amour,
Sont avec leurs rivaux en bonne intelligence,
Et laissent un champ libre à leur persévérance.
Un amour si tranquille excite mon courroux :
C'est aimer froidement que n'être point jaloux;
Et je veux qu'un amant, pour me prouver sa flamme
Sur d'éternels soupçons laisse flotter son âme,
Et, par de prompts transports, donne un signe éclatant
De l'estime qu'il fait de celle qu'il prétend.
On s'applaudit alors de son inquiétude;
Et, s'il nous fait parfois un traitement trop rude,
Le plaisir de le voir, soumis à nos genoux,
S'excuser de l'éclat qu'il a fait contre nous,
Ses pleurs, son désespoir d'avoir pu nous déplaire,
Sont un charme à calmer toute notre colère.

ORANTE.

Si, pour vous plaire, il faut beaucoup d'emportement,
Je sais qui vous pourrait donner contentement;
Et je connais des gens dans Paris, plus de quatre,
Qui, comme ils le font voir, aiment jusques à battre.

CLIMÈNE.

Si, pour vous plaire, il faut n'être jamais jaloux,
Je sais certaines gens très commodes pour vous :
Des hommes en amour d'une humeur si souffrante,
Qu'ils vous verraient sans peine entre les bras de trente.

ORANTE.

Enfin par votre arrêt vous devez déclarer
Celui de qui l'amour vous semble à préférer.

ÉRASTE.

Puisqu'à moins d'un arrêt je ne m'en puis défaire,
Toutes deux à la fois je veux vous satisfaire;
Et, pour ne point blâmer ce qui plaît à vos yeux,
Le jaloux aime plus, et l'autre aime bien mieux.

B

L'ÉCOLE DES FEMMES, ACTE I, SC. I.

ARNOLPHE.

Moi, j'irais me charger d'une spirituelle
Qui ne parlerait rien que cercle et que ruelle,
Qui de prose et de vers ferait de doux écrits,
Et que visiteraient marquis et beaux esprits,
Tandis que, sous le nom de mari de madame,
Je serais comme un saint que pas un ne réclame!
Non, non, je ne veux point d'un esprit qui soit haut;
Et femme qui compose en sait plus qu'il ne faut.
Je prétends que la mienne, en clartés peu sublime,
Même ne sache pas ce que c'est qu'une rime;
Et, s'il faut qu'avec elle on joue au corbillon,
Et qu'on vienne à lui dire à son tour : Qu'y met-on?
Je veux qu'elle réponde : Une tarte à la crème!

A la suite de l'acte I, ravi de la naïveté d'Agnès, le même Arnolphe s'écrie :

Héroïnes du temps, mesdames les savantes,
Pousseuses de tendresse et de beaux sentiments,
Je défie à la fois tous vos vers, vos romans,
Vos lettres, billets doux, toute votre science,
De valoir cette honnête et pudique ignorance.

C

LA CRITIQUE DE L'ÉCOLE DES FEMMES

SC. II ET III

—

SCÈNE II

URANIE, ÉLISE, GALOPIN

GALOPIN.

Voilà Climène, madame, qui vient ici pour vous voir.

URANIE.

Hé! mon Dieu! quelle visite!

ÉLISE.

Vous vous plaignez d'être seule; aussi le ciel vous en punit.

URANIE.

Vite, qu'on aille dire que je n'y suis pas.

GALOPIN.

On a déjà dit que vous y étiez.

URANIE.

Et qui est le sot qui l'a dit ?

GALOPIN.

Moi, madame.

URANIE.

Diantre soit le petit vilain ! Je vous apprendrai bien à faire vos réponses de vous-même.

GALOPIN.

Je vais lui dire, madame, que vous voulez être sortie.

URANIE.

Arrêtez, animal, et la laissez monter, puisque la sottise est faite.

GALOPIN.

Elle parle encore à un homme dans la rue.

URANIE.

Ah ! cousine, que cette visite m'embarrasse à l'heure qu'il est !

ÉLISE.

Il est vrai que la dame est un peu embarrassante de son naturel : j'ai toujours eu pour elle une furieuse aversion ; et, n'en déplaise à sa qualité, c'est la plus sotte bête qui se soit jamais mêlée de raisonner.

URANIE.

L'épithète est un peu forte.

ÉLISE.

Allez, allez, elle mérite bien cela, et quelque chose de plus si on lui faisait justice. Est-ce qu'il y a une personne qui soit plus véritablement qu'elle ce qu'on appelle *précieuse, à prendre le mot dans sa plus mauvaise signification ?*

URANIE.

Elle se défend bien de ce nom pourtant.

ÉLISE.

Il est vrai, elle se défend du nom, mais non pas de la chose : car enfin elle l'est depuis les pieds jusqu'à la tête, et la plus grande façonnière du monde. Il semble que tout son corps soit démonté et que les mouvements de ses hanches, de ses épaules et de sa tête n'aillent que par ressorts. Elle affecte toujours un ton de voix languissant et niais, fait la moue pour montrer une petite bouche et roule des yeux pour les faire paraître grands.....

URANIE.

Veux-tu te taire ? La voici.

SCÈNE III

CLIMÈNE, *précieuse*, URANIE, ÉLISE, GALOPIN

URANIE.

Vraiment, c'est bien tard que.....

CLIMÈNE.

Hé ! de grâce, ma chère, faites-moi vite donner un siège.

URANIE, *à Galopin.*

Un fauteuil promptement.

CLIMÈNE.

Ah! mon Dieu!

URANIE.

Qu'est-ce donc?

CLIMÈNE.

Je n'en puis plus.

URANIE.

Qu'avez-vous?

CLIMÈNE.

Le cœur me manque.

URANIE.

Sont-ce vapeurs qui vous ont pris?

CLIMÈNE.

Non.

URANIE.

Voulez-vous qu'on vous délace?

CLIMÈNE.

Mon Dieu! non. Ah!

URANIE.

Quel est donc votre mal et depuis quand vous a-t-il pris?

CLIMÈNE.

Il y a plus de trois heures, et je l'ai apporté du Palais-Royal.

URANIE.

Comment?

CLIMÈNE.

Je viens de voir pour mes péchés cette méchante rapsodie de *l'École des Femmes*. Je suis encore en défaillance du mal de cœur que cela m'a donné; et je pense que je n'en reviendrai de plus de quinze jours.

ÉLISE.

Voyez un peu comme les maladies arrivent sans qu'on y songe!

URANIE.

Je ne sais pas de quel tempérament nous sommes, ma cousine et moi; mais nous fûmes avant-hier à la même pièce, et nous en revînmes toutes deux saines et gaillardes.

CLIMÈNE.

Quoi! vous l'avez vue?

URANIE.

Oui, et écoutée d'un bout à l'autre.

CLIMÈNE.

Et vous n'en avez pas été jusqu'aux convulsions, ma chère?

URANIE.

Je ne suis pas si délicate, Dieu merci; et je trouve, pour moi, que cette comédie serait plutôt capable de guérir les gens que de les rendre malades.

CLIMÈNE.

Ah! mon Dieu! que dites-vous là? Cette proposition peut-elle être avancée par une personne qui ait du revenu en sens commun? Peut-on impunément, comme vous faites, rompre en visière à la raison? Et, dans le vrai de la chose, est-il un esprit si affamé de plaisanterie, qu'il puisse tâter des fadaises dont cette comédie est assaisonnée? Pour moi, je vous avoue que je n'ai pas trouvé le moindre grain de sel dans tout cela. *Les enfants par l'oreille* m'ont paru d'un goût détestable, *la tarte à la crème* m'a affadi le cœur, et j'ai pensé vomir *au potage*[1].

ÉLISE.

Mon Dieu! que tout cela est dit élégamment! J'aurais cru que cette pièce était bonne : mais madame a une éloquence si persuasive, elle tourne les choses d'une manière si agréable, qu'il faut être de son sentiment malgré qu'on en ait[2].

URANIE.

Pour moi, je n'ai pas tant de complaisance; et, pour dire ma pensée, je tiens cette comédie une des plus plaisantes que l'auteur ait produites.

CLIMÈNE.

Ah! vous me faites pitié de parler ainsi, et je ne saurais vous souffrir cette obscurité de discernement. Peut-on, ayant de la vertu, trouver de l'agrément dans une pièce qui tient sans cesse la pudeur en alarme et salit à tout moment l'imagination?

ÉLISE.

Les jolies façons de parler que voilà! Que vous êtes, madame, une rude joueuse en critique! et que je plains le pauvre Molière de vous avoir pour ennemie!

D

LES FEMMES SAVANTES

On a souvent remarqué que, pour faire sa pièce des *Femmes savantes*, Molière s'était souvenu des *Précieuses ridicules*. Il est certain qu'entre les deux comédies il y a bien des rapports.

Les deux intrigues ont peu d'importance et ces intrigues sont analogues ; les Femmes savantes, dupes de Trissotin comme les Précieuses le sont de Mascarille, finissent, elles aussi, par être détrompées.

Les personnages des deux pièces se ressemblent aussi : Philaminte, Armande et Bélise rappellent par de certains côtés Cathos et Madelon[3], Vadius et Trissotin rappellent Jodelet et Mascarille. Ne retrouve-t-on pas dans Clitandre, cet amoureux de bon sens, quelques traits de La Grange et de Du Croisy? Ce pauvre Chrysale, qui se désole de voir son ménage bouleversé, ne fait-il pas songer à Gorgibus, et Martine n'est-ce pas Marotte avec le verbe un peu plus haut?

Les Femmes savantes ont cependant une tout autre portée que les

1. Climène cite, comme on le voit, les mots qui l'ont le plus choquée dans *l'École des Femmes*. Ces mots, si amusants, si bien en situation dans la pièce, lui paraissent vulgaires. Elle les compare tous trois à des mets grossiers : l'un lui paraît d'un *goût détestable*, l'autre lui *affadit le cœur*, l'autre *la fait* presque *vomir*. Nous remarquons là, encore une fois, ce goût pour les images longtemps continuées, que nous avons déjà signalé chez les précieuses. (Voy. sc. X, p. 51, note 5.)

2. On voit qu'Elise, au lieu de contredire ouvertement Climène, comme fait Uranie, se moque doucement d'elle, en faisant semblant de l'admirer.

3. Les caractères des trois femmes savantes sont naturellement plus étudiés. Tandis que Cathos et Madelon se ressemblent tout à fait, Philaminte, Armande et Bélise se distinguent parfaitement les unes des autres; outre leur travers commun, elles ont chacune un défaut qui leur est propre : Philaminte tyrannise son mari, Armande est prude et jalouse, Bélise s'imagine que tous les hommes sont amoureux d'elle.

Précieuses ridicules. Molière combat encore l'afféterie et la prétention, mais il les combat sous une autre forme.

Philaminte, Armande et Bélise sont aussi désagréables que Cathos et Madelon; elles sont moins sottes. Elles ont renoncé au jargon, dont la mode est d'ailleurs passée, grâce à Molière; elles ne cherchent plus les jolis mots, elles cherchent les belles pensées. Ce n'est plus l'air galant qu'elles veulent attraper, c'est l'air sérieux. Elles ne lisent pas les romans et ne rêvent pas enlèvements et aventures, mais elles disputent sur la grammaire, étudient l'astronomie et pratiquent les philosophes. Elles ont encore pour le « bel esprit » un reste de tendresse, elles frissonnent de plaisir en écoutant le sonnet de Trissotin; mais les petits vers ne sont pour elles qu'un passe-temps, elles se réservent pour les hautes spéculations. Elles sont entêtées de science comme les précieuses l'étaient de belles manières et de beau langage.

C'est donc une nouvelle leçon que Molière donne ici aux femmes. Après les avoir guéries de la galanterie romanesque et du style forcé, il s'efforce de les guérir du pédantisme, déplaisant chez tout le monde et plus particulièrement chez elles. Il ne veut certes pas, comme Chrysale, les réduire au soin de faire aller le ménage et de régler la dépense avec économie : il consent volontiers qu'elles aient des clartés de tout; mais il veut qu'elles soient modestes et réservées, comme l'est Henriette, et qu'elles ne renoncent jamais, pas plus dans leurs pensées que dans le choix de leurs mots, à ce naturel et à cette simplicité qui sont leur qualité la plus charmante.

***

Nous avons déjà fait allusion, dans les notes, à quelques passages des *Femmes savantes;* nous en reproduisons ici quelques autres où l'on retrouvera plus longuement développées des idées déjà exprimées dans *les Précieuses.*

***

MADELON.

Apprenez, sotte, à vous énoncer moins vulgairement...

MAROTTE.

... Il faut parler chrétien, si vous voulez que je vous entende.

(*Les Précieuses ridicules*, sc. VII.)

LE CRIME DE MARTINE

PHILAMINTE.

Elle a, d'une insolence à nulle autre pareille,
Après trente leçons, insulté mon oreille
Par l'impropriété d'un mot sauvage et bas
Qu'en termes décisifs condamne Vaugelas.

CHRYSALE.

Est-ce là...?

PHILAMINTE.

Quoi! toujours, malgré nos remontrances,
Heurter le fondement de toutes les sciences,

La grammaire, qui sait régenter jusqu'aux rois,
Et les fait, la main haute, obéir à ses lois!

CHRYSALE.

Du plus grand des forfaits je la croyais coupable.

PHILAMINTE.

Quoi! vous ne trouvez pas ce crime impardonnable?

CHRYSALE.

Si fait.

PHILAMINTE.

Je voudrais bien que vous l'excusassiez!

CHRYSALE.

Je n'ai garde.

BÉLISE.

Il est vrai que ce sont des pitiés :
Toute construction est par elle détruite;
Et des lois du langage on l'a cent fois instruite.

MARTINE.

Tout ce que vous prêchez est, je crois, bel et bon;
Mais je ne saurais, moi, parler votre jargon.

PHILAMINTE.

L'impudente! Appeler un jargon le langage
Fondé sur la raison et sur le bel usage!

MARTINE.

Quand on se fait entendre, on parle toujours bien,
Et tous vos biaux dictons ne servent pas de rien.

PHILAMINTE.

Eh bien! ne voilà pas encore de son style?
Ne servent pas de rien!

BÉLISE.

O cervelle indocile!
Faut-il qu'avec les soins qu'on prend incessamment
On ne te puisse apprendre à parler congrûment!
De *pas*, mis avec *rien*, tu fais la récidive;
Et c'est, comme on t'a dit, trop d'une négative.

MARTINE.

Mon Dieu! je n'avons pas étugué comme vous,
Et je parlons tout droit comme on parle cheux nous.

PHILAMINTE.

Ah! peut-on y tenir?

BÉLISE.

Quel solécisme horrible!

PHILAMINTE.

En voilà pour tuer une oreille sensible.

BÉLISE.

Ton esprit, je l'avoue, est bien matériel :
Je n'est qu'un singulier, *avons* est un pluriel.
Veux-tu toute ta vie offenser la grammaire?

MARTINE.

Qui parle d'offenser grand'mère ni grand-père?

PHILAMINTE.

O ciel!

BÉLISE.

Grammaire est prise à contre-sens par toi;
Et je t'ai dit déjà d'où vient ce mot.

MARTINE.

Ma foi!
Qu'il vienne de Chaillot, d'Auteuil ou de Pontoise,
Cela ne me fait rien.

BÉLISE.

Quelle âme villageoise!
La grammaire, du verbe et du nominatif,
Comme de l'adjectif avec le substantif,
Nous enseigne les lois.

MARTINE.

J'ai, madame, à vous dire
Que je ne connais point ces gens-là.

PHILAMINTE.

Quel martyre!
(Acte II, sc. VI.)

* * *

MASCARILLE.

Oh! oh! je n'y prenais pas garde :
Tandis que, sans songer à mal, je vous regarde,
Votre œil en tapinois me dérobe mon cœur.
Au voleur! au voleur! au voleur! au voleur!
(*Les Précieuses ridicules*, sc. X.)

LE SONNET DE TRISSOTIN

TRISSOTIN.

Sonnet à la princesse Uranie sur sa fièvre.

Votre prudence est endormie
De traiter magnifiquement
Et de loger superbement
Votre plus cruelle ennemie.

BÉLISE.

Ah! le joli début!

ARMANDE.

Qu'il a le tour galant!

PHILAMINTE.

Lui seul des vers aisés possède le talent.

ARMANDE.

A prudence endormie il faut rendre les armes.

BÉLISE.

Loger son ennemie est pour moi plein de charmes.

PHILAMINTE.

J'aime *superbement* et *magnifiquement;*
Ces deux adverbes joints font admirablement.

BÉLISE.

Prêtons l'oreille au reste.

TRISSOTIN.

Votre prudence est endormie
De traiter magnifiquement
Et de loger superbement
Votre plus cruelle ennemie

ARMANDE.

Prudence endormie!

BÉLISE.

Loger son ennemie!

PHILAMINTE.

Superbement et *magnifiquement.*

TRISSOTIN.

Faites-la sortir quoi qu'on die,
De votre riche appartement
Où cette ingrate insolemment
Attaque votre belle vie.

BÉLISE.

Ah! tout doux; laissez-moi de grâce respirer.

ARMANDE.

Donnez-nous, s'il vous plaît, le loisir d'admirer.

PHILAMINTE.

On se sent, à ces vers, jusques au fond de l'âme
Couler je ne sais quoi qui fait que l'on se pâme.

ARMANDE.

Faites-la sortir, quoi qu'on die,
De votre riche appartement.

Que riche appartement est là joliment dit!
Et que la métaphore est mise avec esprit!

PHILAMINTE.

Faites-la sortir, quoi qu'on die.

Ah! que ce *quoi qu'on die* est d'un goût admirable!
C'est à mon sentiment un endroit impayable.

ARMANDE.

De *quoi qu'on die* aussi mon cœur est amoureux.

BÉLISE.

Je suis de votre avis, *quoi qu'on die* est heureux.

ARMANDE.

Je voudrais l'avoir fait.

BÉLISE.

Il vaut toute une pièce.

PHILAMINTE.

Mais en comprend-on bien, comme moi, la finesse?

ARMANDE *et* BÉLISE.

Oh! oh!

PHILAMINTE.

Faites-la sortir, quoi qu'on die...

Que de la fièvre on prenne ici les intérêts;
N'ayez aucun égard, moquez-vous des caquets,

Faites-la sortir, quoi qu'on die,
Quoi qu'on die, quoi qu'on die.

Ce *quoi qu'on die* en dit beaucoup plus qu'il ne semble.
Je ne sais pas, pour moi, si chacun me ressemble;
Mais j'entends là-dessous un million de mots.

BÉLISE.

Il est vrai qu'il dit plus de choses qu'il n'est gros.

PHILAMINTE, *à Trissotin.*

Mais quand vous avez fait ce charmant *quoi qu'on die*,
Avez-vous compris, vous, toute son énergie?
Songiez-vous bien vous-même à tout ce qu'il nous dit,
Et pensiez-vous alors y mettre tant d'esprit?

TRISSOTIN.

Hai! hai!

ARMANDE.

J'ai fort aussi *l'ingrate* dans la tête :
Cette ingrate de fièvre, injuste, malhonnête,
Qui traite mal les gens qui la logent chez eux!

PHILAMINTE.

Enfin les quatrains sont admirables tous deux.
Venons-en promptement aux tercets, je vous prie.

ARMANDE.

Ah! s'il vous plaît, encore une fois *quoi qu'on die.*

TRISSOTIN.

Faites-la sortir quoi qu'on die.....

PHILAMINTE, ARMANDE *et* BÉLISE.

Quoi qu'on die!

TRISSOTIN.

De votre riche appartement.....

PHILAMINTE, ARMANDE *et* BÉLISE.

Riche appartement!

TRISSOTIN.

Où cette ingrate insolemment.....

PHILAMINTE, ARMANDE *et* BÉLISE.

Cette *ingrate* de fièvre!

TRISSOTIN.

Attaque votre belle vie.

PHILAMINTE.

Votre belle vie !

ARMANDE *et* BÉLISE.

Ah !

TRISSOTIN.

Quoi ! sans respecter votre rang,
Elle s'en prend à votre sang.....

PHILAMINTE, ARMANDE *et* BÉLISE.

Ah !

TRISSOTIN.

Et nuit et jour vous fait outrage,
Si vous la conduisez aux bains,
Sans la marchander davantage,
Noyez-la de vos propres mains.

PHILAMINTE.

On n'en peut plus.

BÉLISE.

On pâme.

ARMANDE.

On se meurt de plaisir.

PHILAMINTE.

De mille doux frissons vous vous sentez saisir.

ARMANDE.

Si vous la conduisez aux bains...

BÉLISE.

Sans la marchander davantage...

PHILAMINTE.

Noyez-la de vos propres mains.

De vos propres mains, là, noyez-la dant les bains.

ARMANDE.

Chaque pas dans vos vers rencontre un trait charmant.

BÉLISE.

Partout on s'y promène avec ravissement.

PHILAMINTE.

On n'y saurait marcher que sur de belles choses.

ARMANDE.

Ce sont petits chemins tout parsemés de roses.

TRISSOTIN.

Le sonnet donc vous semble ?

PHILAMINTE.

Admirable, nouveau ;
Et personne jamais n'a rien fait de si beau.

(Acte III, sc. II.)

*
* *

GORGIBUS.

Et vous, qui êtes cause de leur folie, sottes billevesées, pernicieux amusements des esprits oisifs .... puissiez-vous être à tous les diables !

(*Les Précieuses ridicules,* sc. XIX.)

LA COLÈRE DE CHRYSALE

CHRYSALE.

Voulez-vous que je dise? Il faut qu'enfin j'éclate,
Que je lève le masque et décharge ma rate.
De folles on vous traite et j'ai fort sur le cœur.....

PHILAMINTE.

Comment donc!

CHRYSALE, *à Bélise.*

C'est à vous que je parle, ma sœur,
Le moindre solécisme en parlant vous irrite;
Mais vous en faites, vous, d'étranges en conduite.
Vos livres éternels ne me contentent pas!
Et, hors un gros Plutarque à mettre mes rabats,
Vous devriez brûler tout ce meuble inutile,
Et laisser la science aux docteurs de la ville;
M'ôter, pour faire bien, du grenier de céans,
Cette longue lunette à faire peur aux gens,
Et cent brimborions dont l'aspect importune;
Ne point aller chercher ce qu'on fait dans la lune,
Et vous mêler un peu de ce qu'on fait chez vous,
Où nous voyons aller tout sens dessus dessous.
Il n'est pas bien honnête, et pour beaucoup de causes,
Qu'une femme étudie et sache tant de choses.
Former aux bonnes mœurs l'esprit de ses enfants,
Faire aller son ménage, avoir l'œil sur ses gens,
Et régler la dépense avec économie,
Doit être son étude et sa philosophie.
Nos pères, sur ce point, étaient gens bien sensés,
Qui disaient qu'une femme en sait toujours assez
Quand la capacité de son esprit se hausse
A connaître un pourpoint d'avec un haut-de-chausse.
Les leurs ne lisaient point, mais elles vivaient bien;
Leurs ménages étaient tout leur docte entretien,
Et leurs livres: un dé, du fil et des aiguilles
Dont elles travaillaient au trousseau de leurs filles.
Les femmes d'à présent sont bien loin de ces mœurs:
Elles veulent écrire et devenir auteurs;
Nulle science n'est pour elles trop profonde,
Et céans beaucoup plus qu'en aucun lieu du monde.
Les secrets les plus hauts s'y laissent concevoir,
Et l'on sait tout chez moi, hors ce qu'il faut savoir.
On y sait comme vont lune, étoile polaire,
Vénus, Saturne et Mars, dont je n'ai point affaire;
Et dans ce vain savoir, qu'on va chercher si loin,
On ne sait comme va mon pot, dont j'ai besoin.
Mes gens à la science aspirent pour vous plaire,
Et tous ne font rien moins que ce qu'ils ont à faire:
Raisonner est l'emploi de toute ma maison.
Et le raisonnement en bannit la raison!

(Acte II, sc. VII.)

LEXIQUE

A

Abord (d'). Tout de suite. — La belle chose que ce serait si *d'abord* Cyrus épousait Mandane (sc. v). — Cet air qui donne *d'abord* bonne opinion des gens (sc. v).

D'abord que: dès que, aussitôt que. — *D'abord qu'*on les approche (sc. x).

Cf. *l'École des Femmes*, acte V, sc. IX :

Je n'en ai point douté *d'abord que* je l'ai vue.

Achevé. Accompli en bien ou en mal; par suite, dans le mauvais sens : tout à fait fou. — Elles sont *achevées* (sc. v) : elles sont tout à fait folles.

Cf. Molière, *Comtesse d'Escarbagnas*, sc. I :

Le petit voyage qu'elle a fait à Paris l'a ramenée plus *achevée* qu'elle n'était.

Air (le bel). Les manières élégantes. — *Le bel air* des choses (sc. v) : la manière élégante de faire les choses.

Cf. Molière, *M. de Pourceaugnac*, III, II :

J'ai vu les personnes du *bel air*.

Ajustement. Parure, façon de s'habiller. — L'élégance de l'*ajustement* (sc. x).

Cf. Molière, *l'Amour médecin*, I, I :

Pour moi, je tiens que la braverie (cf. ce mot), que l'*ajustement* est la chose qui réjouit le plus les filles.

Ambigu (un). Un mélange de choses contraires. — C'est un *ambigu* de précieuse et de coquette que leur personne (sc. I).

L'adjectif *ambigu* veut dire : qui est à plusieurs sens et, par conséquent, d'un sens incertain. Dire de Cathos et de Madelon qu'elles sont : un ambigu de précieuse et de coquette, c'est donc dire qu'elles sont à la fois précieuses et coquettes, et qu'on ne peut savoir si elles sont plus précieuses ou plus coquettes.

On appelait aussi *ambigu*, au XVIIe siècle, un repas où l'on servait en même temps les viandes et le dessert.

Regnard, dans *le Joueur*, I, VI, a imité de très près la phrase de Molière :

C'est dans son caractère une espèce parfaite,
Un *ambigu* nouveau de prude et de coquette.

Étymologie : *Ambiguus*, mot latin qui veut dire : *douteux*.

Ames (les) des pieds (EXPRESSION PRÉCIEUSE). Les violons. Les âmes des pieds, c'est-à-dire la vie des pieds, ce qui met les pieds en mouvement. — Donner les *âmes des pieds* (sc. XIII) : donner les violons, faire venir les violons pour danser.

Antipode (l'). L'opposé. — Être *l'antipode* de la raison (sc. x): être l'opposé de la raison, n'avoir pas le sens commun.

L'EXPRESSION EST PRÉCIEUSE; nous la retrouvons cependant chez Fénelon, *Existence de Dieu*, II, XII : Un être tout nouveau qui soit *l'antipode de la raison.*

Étymologie : *Antipous*, mot grec qui veut dire : *opposé par les pieds.*

Assaisonner. (Au figuré.) Relever, donner du prix à... — Je veux que l'esprit *assaisonne* la bravoure (sc. XII).

Cf. Massillon, *Oraison funèbre de Louis XIV :*

Un art d'*assaisonner* les grâces qui touchait plus que les grâces mêmes.

Assurance (en). En sûreté. — Votre cœur peut dormir *en assurance* (sc. x).

Cf. Corneille, *Nicomède*, V, v :

Faites-lui perdre temps, tandis qu'*en assurance*
La galère s'éloigne avec son espérance.

Attacher. — *Attachez* sur ces gants la réflexion de votre odorat (sc. x) : sentez ces gants.

CETTE EXPRESSION EST PRÉCIEUSE et ridicule. On dit bien, au contraire : *attacher* les yeux sur quelqu'un.

Aucunement. Nullement. — Nous n'en serons *aucunement* jaloux (sc. XVI).

Aussi bien. D'ailleurs, du reste. — Je m'offre à vous mener l'un de ces jours à la comédie, si vous voulez; *aussi bien* on en doit jouer une nouvelle (sc. x).

Cf. Racine, *Andromaque*, I, II :

Aussi bien ce n'est pas la première injustice,
Dont la Grèce d'Achille a payé le service.

Avisé. Imaginé, — Ma foi, c'est bien *avisé* (sc. XII).

Cf. La Fontaine, livre III, *fable 18 :*

Ce fut à lui bien *avisé.*

Aviser (s'). Sans régime. Faire une remarque. — Comme un homme qui *s'avise* tout d'un coup (sc. x).

Cf. Molière, *Sganarelle*, sc. IX :

Mais je m'*avise* ici.

B

Bal (donner le). Payer des musiciens pour faire danser une compagnie. — Qu'ils viennent vous *donner le bal* (sc. XVI).

Balivernes. Propos frivoles et puérils. — Je n'entends rien à toutes ces *balivernes* (sc. v).

L'étymologie de ce mot est inconnue.

Baragouin. Langage inintelligible. — Je ne puis rien comprendre à ce *baragouin* (sc. v).

Étymologie : Bas-breton, *bara*, pain, et *gwin*, vin ; mots que les Français entendaient souvent dans la bouche des Bretons, et qui leur servirent à désigner un langage inintelligible (Littré).

Belle (une). Une maîtresse. — Vous rendre agréable aux yeux de vos *belles* (sc. xvi).

Berner. (Au propre : faire sauter quelqu'un en l'air dans une couverture); au figuré : se moquer de quelqu'un. — Qui méritent d'être *bernés* (*préface*).

Billevesées. Idées ou discours chimériques. — Sottes *billevesées !* (sc. xix.)

Cf. Molière, *Don Juan*, I, i :

Il traite de *billevesées* tout ce que nous croyons.

Étymologie probable : *bille* (altération de *belle*) et *vesée* (équivalent de *vessie*), *belle vessie*, chose creuse, chose de rien.

Bourgeois. Qui manque de distinction. Adjectif pris substantivement. — C'est *du dernier bourgeois* (sc. v) : c'est extrêmement commun.

Cf. Molière, *les Femmes savantes*, II, vii :

Est-il de petits corps un plus lourd assemblage,
Un esprit composé d'atomes plus *bourgeois ?*

Braies. Culottes. — Nos libertés auront peine à sortir d'ici les *braies nettes* (sc. xii); expression figurée et populaire, pour dire : auront peine à sortir d'ici saines et sauves.

Branle. Mouvement. *Donner le branle à :* mettre en mouvement, mettre en train. — Ce sont eux qui *donnent le branle à la réputation* (sc. x) : ce sont eux qui commencent à établir les réputations.

Cf. Bossuet, *Oraison funèbre de Michel Le Tellier :*

La France commençait à *donner le branle aux* affaires de l'Europe.

Mme de Sévigné, 411 :

Mlle de Grignan *donnera un branle à* vos résolutions.

Braverie. Toilette, beaux habits. — Adieu notre *braverie!* (sc. xvi).

Cf. Molière, *l'Amour médecin*, I, i :

Je tiens que la *braverie*, que l'ajustement est la chose qui réjouit le plus les filles.

Brave, au xviie siècle, avait parfois le sens de : vêtu avec élégance.

Perrault, *Contes*, 601 :

Elle se fait *brave* pour la noce de son fils.

Molière, *l'Amour médecin*, I, ii :

Est-ce que tu es jalouse de quelqu'une de tes compagnes que tu voies plus *brave* que toi?

Brimborions. Choses sans valeur et sans utilité. — Blancs d'œufs, lait virginal et mille autres *brimborions* que je ne connais pas (sc. IV).

Cf. Molière, *les Femmes savantes*, II, VII :

> Cette longue lunette à faire peur aux gens,
> Et cent *brimborions* dont l'aspect importune.

Étymologie : *breviarium*, bréviaire, *prières*, et par suite : *prières vaines*.

Brisées. Branches rompues par le chasseur à la recherche de la bête. On dit au figuré : suivre les brisées de quelqu'un (suivre l'exemple de quelqu'un), *aller sur les brisées de quelqu'un* (entrer en rivalité avec quelqu'un). — Vous avez l'audace d'*aller sur nos brisées* (sc. XVI).

Cf. Molière, *l'Avare*, IV, III :

> Tu as l'audace *d'aller sur mes brisées*.

Brouhaha. Murmure confus et approbateur. — Si le comédien ne nous avertit par là qu'il faut faire le *brouhaha* (sc. X).

Cf. Molière, *Impromptu de Versailles*, sc. I :

> Voilà ce qui attire l'approbation et fait faire le *brouhaha*.

Ce mot est une onomatopée.

Bruit. Réputation. — Pour vous donner *bruit* de connaisseuse (X).

Cf. Molière, *Amphitryon*, prologue :

> Hé! là, là, madame la Nuit,
> Un peu doucement, je vous prie;
> Vous avez dans le monde un *bruit*
> De n'être pas si renchérie.

Comparez ces vers des *Fâcheux*, II, IV :

> Votre esprit *fait du bruit* et nous vous connaissons.

Brutal. Grossier, qui manque de savoir-vivre. — Il dédaigne les autres valets jusqu'à les appeler *brutaux* (sc. I).

Brutalité.— La *brutalité* de la saison (sc. X) : la dureté de la saison. LOCUTION PRÉCIEUSE. La saison est considérée comme un être animé.

Bureau. Réunion. — Paris est le grand *bureau* des merveilles (sc. X). TERME PRÉCIEUX. Le mot *bureau* était familier aux précieuses. Elles appelaient *bureaux d'esprit* les réunions où elles discutaient les questions de littérature ou de morale galante.

Cf. Boileau, *Satire* X :

> Là du faux bel esprit se tiennent les *bureaux*.

But (de) en blanc. (Au figuré.) Inconsidérément, sans précaution, sans transition. — En venir *de but en blanc* à l'union conjugale (sc. V).

Cf. Molière, *le Malade imaginaire*, II, I :

> On ne parle pas comme cela de *but en blanc*.

C

Çà. Interjection familière qui a le sens de : Allons! — *Çà,* payez-nous vitement (sc. VIII).

Cadeau. Partie de plaisir, collation ou fête que l'on offrait aux dames, hors de chez soi et particulièrement à la campagne. — Nous leur donnerions un *cadeau* (sc. XII).

Cf. Molière, *le Bourgeois gentilhomme*, III, IV :

Je l'ai fait consentir au *cadeau* que vous voulez lui donner.

Id., *le Mariage forcé*, sc. VI :

J'aime le jeu, les visites, les assemblées, les *cadeaux* et les promenades, en un mot toutes les choses de plaisir.

Capot. Se dit, au jeu de piquet, du joueur qui n'a pas fait de levée. *Faire capot* quelqu'un, l'empêcher de faire aucune levée et par suite, au figuré, triompher complètement de lui. — Vous allez faire pic (cf. ce mot), repic (cf. ce mot) et *capot* tout ce qu'il y a de galant dans Paris (sc. X).

Canailles. Gens méprisables. — Ces *canailles*-là s'osent jouer à moi (sc. VIII). Ces *canailles* me laissent toujours seul (sc. XII).

Canaille vient de l'italien *canaglia;* le vieux mot français était *chienaille*. *Canaille* veut donc dire : *race de chien*.

Canons. Ornements de toile empesée, ronds et fort larges qu'on attachait au-dessous du genou et qui pendaient jusqu'à la moitié de la jambe. — Que dites-vous de mes *canons*? (Sc. X.)

Cf. Molière, *l'Ecole des maris*, I, VI :

De ces larges *canons*, où, comme en des entraves,
On met tous les matins ses deux jambes esclaves.

Le mot *canon* (italien, *cannone*) voulait primitivement dire : *tuyau*.

Caution bourgeoise. « On appelle *caution bourgeoise*, une caution valable et facile à discuter, comme serait celle d'un bourgeois bien connu dans sa ville. » (Furetière, *Dictionnaire*.) *Caution bourgeoise* veut donc dire : garantie sérieuse. — Je veux *caution* bourgeoise qu'ils ne me feront point de mal (sc. X).

Cavalière (à la). En cavalier et non en homme du métier, sans avoir appris les règles, sans prétention. — C'est *à la cavalière* (sc. X).

Ce que c'est que de... pour *ce que c'est que le...* — Voilà *ce que c'est que du* monde (sc. XVIII).

Cf. Molière, *l'Etourdi*, I, IX :

Moi! voyez *ce que c'est que du* monde aujourd'hui.

Cependant. Pendant ce temps. — Il cache un temps sa passion à l'objet aimé et *cependant* lui fait plusieurs visites (sc. V).

Chandelle (à la). A la lumière des chandelles, par suite : au théâtre (la rampe était éclairée avec des chandelles). — J'avais résolu de ne les faire voir *(les Précieuses ridicules)* qu'*à la chandelle (Préface).*

Chaussettes. Ce mot n'avait pas au XVIIe siècle le sens qu'il a aujourd'hui. Il désignait des bas de toile qui n'avaient point de pied, et qu'on mettait sur la chair et sous le bas de dessus (*Dictionnaire* de Richelet). — Jusqu'à mes *chaussettes*, je ne puis rien souffrir qui ne soit de la bonne faiseuse (sc. X).

Chaussette est un diminutif de *chausses* (*culotte, caleçon*).

Chère (ma), Chères (mes). TERME PRÉCIEUX. — Ah! *ma chère*, un marquis (sc. VII). — Mon Dieu, *mes chères* (sc. XIII). — Allons donc, *mes chères* (sc. XIII). — Les précieuses ne conversaient pas entre elles sans se dire maintes fois : *ma chère*. Aussi le nom leur était-il resté : on les appelait souvent : *les chères*.

Chrétien (parler). Se servir de termes qui puissent être compris par des chrétiens, s'exprimer d'une façon intelligible. — Il faut *parler chrétien* si vous voulez que je vous entende (sc. VII).

Chromatique. Terme de musique : qui est composé d'une suite de demi-tons, soit en montant, soit en descendant. *Le* chromatique, au masculin (pour : le genre chromatique), ou *la* chromatique (pour : la musique chromatique) désignent une mélodie d'un caractère langoureux et plaintif.

Clou (ne pas donner un) de... Expression proverbiale. N'attacher aucune valeur à... — Je *ne donnerais pas un clou* de tout l'esprit qu'on peut avoir (sc. X).

On dit plus familièrement encore : Je n'en donnerais pas un clou à soufflet; cela ne sert pas d'un clou à soufflet (cela n'a aucune valeur).

Cf. Voltaire, *Lettre* à d'Argental, du 21 novembre 1774 :

Mais à quoi les vœux d'un blaireau des Alpes peuvent-ils servir? Ceux de l'univers entier ne servent pas d'un clou à soufflet.

Comédie. — Mener à *la* comédie (sc. X) : mener voir jouer *une* comédie.

Comme pour : Comment. — Voilà *comme* les choses se traitent dans les belles manières (sc. V).

Commencer de. Pour : Commencer à. — Nous *commençons d'*être connues (sc. XII).

Cf. Molière, *l'École des Femmes*, III, IV :

L'amour a *commencé d'*en déchirer le voile.

Commodité (être en) de... TERME PRÉCIEUX. Être disposé à, être préparé à. — Si vous *êtes en commodité d'*être visibles (sc. VII): si l'on peut vous voir sans vous déranger.

Commodités (les) de la conversation. TERME PRÉCIEUX. Ce qui rend la conversation commode : les sièges. — Vite, voiturez-nous ici *les commodités de la conversation* (sc. x) : apportez-nous vite des sièges.

Condition (homme de). Gentilhomme. — Faire l'*homme de condition* (sc. I). — Nous autres, *gens de condition* (sc. x).

Conditionné (bien). — Je n'ai jamais respiré *une odeur mieux conditionnée* (sc. x). LOCUTION PRÉCIEUSE pour dire : une meilleure odeur.

Confusion (être en). Être confus. — *Je suis en confusion* pour lui (sc. VI).

Congruent à... Qui convient à..., qui va bien avec... — Que dites-vous de ma petite oie (cf. ce mot)? La trouvez-vous *congruente* à l'habit? (Sc. x.)

Connaître. Savoir. — Je *connais* ce qui nous a fait mépriser (sc. I).

Conseiller (le) des Grâces. TERME PRÉCIEUX. Le miroir. — Venez-nous tendre ici dedans *le conseiller des grâces* (sc. VII).

Contenter. Payer. — Nous attendons que vous nous *contentiez* pour ce que nous avons joué ici. — Oui, oui, je vous vais *contenter*, et voici la monnaie dont je vous veux payer (sc. XIX).

Cf. Molière, *l'École des maris*, III, v :

Vous serez pleinement *contentés* de vos soins.

Coup (encore un). Encore une fois. — *Encore un coup*, mon père, il ne se peut rien de plus marchand que ce procédé (sc. v). — *Encore un coup*, je n'entends rien à toutes ces balivernes (sc. v).

Courante. Danse grave « qui était plutôt une marche noble qu'une danse proprement dite, puisqu'on ne s'enlevait pas de terre ». — Ma franchise va *danser la courante* (sc. XIII) : je vais perdre ma liberté. LOCUTION PRÉCIEUSE.

Courir, verbe actif. Poursuivre à la course, chasser (chasse à courre). — Le duc m'a voulu mener *courir* un cerf avec lui (sc. XII).

Croc (pendre son épée au). Quitter le métier des armes. — Je veux *pendre l'épée au croc* (sc. XII).

Crotté. Il fait *crotté;* il y a de la boue. — Il y fait un peu *crotté* (sc. XVIII).

D

Dame! Interjection très usitée au XVIIe siècle et qui, aujourd'hui, s'emploie encore quelquefois. C'est une formule affirmative qui a à peu près le sens de : Ma foi! — *Dame!* c'est que la porte est étroite (sc. VIII).

On trouve, dans les commencements de notre littérature, *dame*, au masculin, dans le sens de : seigneur. On disait : *Dame-Dieu!* comme on dit encore aujourd'hui : *Seigneur-Dieu! Dame!* est donc vraisemblablement une abréviation de *Dame-Dieu!*

Décrier. Diminuer la réputation de... — Ce serait assez d'un de ces noms pour *décrier* le plus beau roman du monde (sc. V).

> Cf. Molière, *les Femmes savantes*, IV, III :
>
> Et pleins d'un ridicule et d'une impertinence
> A *décrier* partout l'esprit et la science.

Défaut (à leur). A défaut d'eux. — Nous entendons que vous nous contentiez *à leur défaut* (sc. XIX).

> Cf. Corneille, *Polyeucte*, IV, V :
>
> Sévère, *à mon défaut*, fera ta récompense.

Demeurer. Pour : rester. — En *demeurer* là *(préface)*.

Dépêcher. Pour : se dépêcher. — Qu'on emporte toutes ces hardes, *dépêchez!* (Sc. XVI.)

> Cf. Molière, *les Femmes savantes*, III, I :
>
> *Dépêchez*, ... faites tôt et hâtez nos plaisirs.
>
> Cf. Corneille, *Médée*, IV, II :
>
> *Dépêche* seulement et cours vers ma rivale.

Dépense (faire une) en quelque chose. Pour : faire une dépense *de* quelque chose. — Il est vrai qu'*il fait une* furieuse *dépense en* esprit (sc. XII).

Dernier (le), Dernière (la). — Cela sera *du dernier* beau (sc. X). Voilà qui est poussé dans *le dernier* galant (sc. X). « Il faut prendre garde que, dans le LANGAGE PRÉCIEUX, le mot de *dernier* a plusieurs significations, comme vous allez voir dans les exemples que je vous en vais donner. Il signifie tantôt *grand*, comme l'on voit dans cette phrase : je vous en ai *la dernière* obligation ; tantôt il signifie *tout à fait*, comme l'on peut voir par cet exemple : cela est du *dernier* galant, pour dire tout à fait galant. Et enfin, il signifie *première ;* c'est pourquoi les précieuses disent : *la dernière* beauté, pour signifier la première. » (Somaize, *Grand dictionnaire des précieuses.*)

Désarmé. Non garni. — Un chapeau *désarmé* de plumes (sc. V). LOCUTION PRÉCIEUSE.

Dessein. Plan d'un ouvrage. — Un tel auteur a fait un tel *dessein* (sc. x).

Cf. Bossuet, *Histoire universelle*, préface :

Après avoir expliqué le *dessein* de cet ouvrage...

Devant que. Pour : avant que. — *Devant que* les chandelles soient allumées (sc. x).

Développer. Faire connaître, éclaircir. — Quelque aventure un jour me viendra *développer* une naissance plus illustre (sc. vi).

Cf. Racine, *Britannicus*, III, vi :

Il faut *développer* ce mystère à vos yeux.

Devoir (n'en) rien à quelqu'un. Ne pas lui céder, ne pas lui être inférieur. — *Vous ne m'en devez rien*, marquis (sc. xii).

Devoir (faire son) de. Se considérer comme obligé à. — *Nous ferons notre devoir de* nous écrier (sc. x).

Cf. La Fontaine, *Matr.*:

Chacun *fit son devoir de dire* à l'affligée....

Dévotion. — Je vous en conjure *de toute la dévotion de mon cœur* (sc. xii), c'est-à-dire : avec toute la ferveur d'un dévot. EXPRESSION PRÉCIEUSE.

Dieu me damne ! Juron fort employé au XVIIe siècle. — *Dieu me damne*, mesdames ! (Sc. x.)

Cf. Hauteroche, *Bourgeoises de qualité* :

Je confonds, *Dieu me damne*, et la mère et la fille.

Discours. Explication, aveu. — Nous accoutumer insensiblement au *discours* de sa passion (sc. v).

Disgrâce. Désagrément. — Je suis tombé dans la *disgrâce* de voir une copie dérobée de ma pièce (*préface*).

Donner dans. — Ma cousine *donne dans* le vrai de la chose (sc. v) : ma cousine est tout à fait dans le vrai. — Nous n'avons garde de *donner* de notre sérieux *dans* le doux de votre flatterie (sc. x) : nous n'avons garde de prendre au sérieux vos douces flatteries.

Cf. Molière, *le Misanthrope*, I, i :

Puisque vous *y donnez*, dans ces vices du temps.

Donner sur. S'attacher à, rechercher de préférence. — J'ai cette manie de vouloir *donner* généralement *sur* tout ce qu'il y a de plus beau (sc. x).

Donzelle. Demoiselle ridicule. — Nos *donzelles* ridicules (sc. i).

Doute (sans). N'a pas le sens de *probablement*, mais de *sûrement*. — Vous nous avez obligées *sans doute* (sc. xiii).

Doux (le). Adjectif pris substantivement. — Pousser *le doux* (sc. v). — *Le doux* de votre flatterie (sc. x). FAÇON DE PARLER PRÉCIEUSE.

Draps blancs (dans de beaux). Mettre quelqu'un dans de beaux draps blancs ou simplement dans de beaux draps. Expression ironique pour dire : mettre quelqu'un dans une position fâcheuse. — *Vous nous mettez dans de beaux draps blancs*, à ce que je vois (sc. XVIII).

Durer. Résister. — On n'y *dure* point, on n'y tient pas (sc. v).

E

Écrier (s'). Se récrier, pousser des cris d'admiration. — Nous ferons notre devoir de *nous écrier* comme il faut sur tout ce qu'on dira (sc. x).

Cf. Mme de Sévigné, *Lettre* 136 :

Il a fait des traits d'éloquence si à propos que tout le monde *s'en est écrié*.

Efficace (l'). Substantif féminin : efficacité. — On n'ignore pas qu'une louange en grec est d'une merveilleuse *efficace* à la tête d'un livre *(préface)*.

Cf. Molière, *M. de Pourceaugnac*, I, II :

Pour éprouver l'*efficace* et la douceur des remèdes.

Cf. Corneille, *Polyeucte*, I, I :

Sa grâce,
Ne descend pas toujours avec même *efficace*.

Ces substantifs féminins formés avec des adjectifs n'étaient pas très rares au XVIIe siècle. On trouve assez souvent, par exemple : *la superbe* dans le sens de : l'orgueil.

Efficace aujourd'hui n'est plus qu'adjectif.

Effroyablement. — Ces plumes sont *effroyablement* belles (sc. x). LOCUTION PRÉCIEUSE. *Effroyablement* joue tout à fait ici le rôle du : *furieusement* (cf. ce mot) si souvent employé dans le langage des ruelles.

On pourrait rapprocher de la phrase citée cette autre expression que donne Somaize : une femme *belle à faire peur*. Somaize traduit par : une femme laide. C'est à coup sûr un contresens. Les précieuses voulaient certainement dire par là : une femme si belle qu'on doit craindre pour son cœur en la voyant.

Embonpoint. — L'*embonpoint* de mes plumes (Sc. VIII) : le grand nombre et la beauté de mes plumes. TERME PRÉCIEUX tout à fait ridicule.

Embrasser. Employé avec le sens propre du mot : entourer de ses bras. — Ne soyez pas inexorable à ce fauteuil qui vous tend les bras, il y a un quart d'heure; contentez un peu l'envie qu'il a de vous *embrasser* (sc. x).

En. Pour : Dans. — Plutôt qu'*en* notre chambre (Sc. VII). — *En* semblables occasions *(préface)* : on dirait aujourd'hui : *en de* semblables occasions.

— pour A. — Ah! je jure que nous en serons vengées, ou que je mourrai *en* la peine (sc. XVIII).

— employé comme pronom ; il ne se dit pas seulement des choses, mais aussi des personnes. — Je vois ce qu'il faut pour *en* être bien reçu (sc. I) : pour être bien reçu d'elles.
Quelquefois il représente un membre de phrase entier. — Cela ne sent point le pédant : il (cf. ce mot) *en* est éloigné (de sentir le pédant) de plus de deux mille lieues (sc. X).

Entendre. Comprendre. — Je n'*entends* rien à toutes ces balivernes (sc. V). — Si vous voulez que je vous *entende* (sc. VII).

Escrimer (s') de quelque chose. S'exercer à quelque chose. — Tel que vous me voyez, je *m'en escrime* un peu (de poésie) (sc. X).

Cf. Scarron, *Jodelet ou le Maître-Valet*, I, I :

Il s'est heureusement *escrimé du* pinceau.

Estime (faire) de. Faire cas de. — Et *quelle estime*, mon père, voulez-vous que nous *fassions de...* (sc. V).

Etabli.— Une inclination *établie* (sc. V) : un amour déclaré et accepté.

Être pour quelque chose. Avoir du goût pour. — *Je suis* furieusement (cf. ce mot) *pour* les portraits (sc. X).

F

Fable. Sujet de récits moqueurs et malveillants. — Nous allons servir de *fable* et de risée à tout le monde (sc. XIX).

Cf. Regnier, *Satire III* :

Sert au peuple de *fable*, aux plus grands de risée.

Racine, *Iphigénie*, II, VII :

Suis-je, sans le savoir, la *fable* de l'armée?

Étymologie : *fabula*, mot latin qui veut dire : *récit*.

Faire. Remplaçant un verbe déjà exprimé et qu'il faudrait répéter. — Je n'ai jamais vu tant parler à l'oreille qu'elles ont *fait* entre elles (sc. I).

Cf. Molière, *Don Juan*, II, II :

On vous aime autant en un quart d'heure qu'on *ferait* une autre en six mois.

Molière, *George Dandin*, II, IV :

Il y a un certain air doucereux qui les attire, ainsi que le miel *fait* les mouches.

— Agir. — C'est *faire* en honnêtes gens que de débuter par là (sc. V).

Cf. Corneille, *le Cid*, IV, V :

Ayez soin que tous deux *fassent* en gens de cœur.

Faire (ne) que de. — *Nous ne faisons que d'*arriver (sc. v) : Nous arrivons seulement.

Fait (il). Impersonnel, construit avec un adjectif. — *Il fait* un peu crotté (sc. x), pour dire : il y a un peu de boue (cf. *Crotté*). Nous disons de même : il fait beau, il fait clair.

Faiseuse (la bonne). La marchande à la mode. — Leurs rabats ne sont pas de *la bonne faiseuse* (sc. v). — Je ne puis rien souffrir qui ne soit de *la bonne faiseuse* (sc. x).

Fantaisie (avoir) de. — Pour : avoir *la* fantaisie de. — Ces messieurs *ont eu fantaisie de* (sc. XIII).

Faquin (de l'italien *facchino*). Au sens propre, qui n'est plus usité : portefaix; au figuré : homme méprisable, drôle. — Voudriez-vous, *faquins*... (sc. VIII).

Filet. Petit fil. *Ne tenir qu'à un filet :* ne dépendre que de la rupture d'un petit brin de fil. — Mon cœur *ne tient qu'à un filet* (sc. XII). Nous disons aujourd'hui : *ne tenir qu'à un fil.*

Fin (le). Adjectif employé substantivement, comme le *doux*, le *tendre*, le *passionné*, le *vrai* (de la chose). FAÇON DE PARLER PRÉCIEUSE. — C'est là savoir le *fin* des choses, le *grand fin*, le *fin du fin* (sc. x).

Franchise. Liberté. — Quelque assassinat de ma *franchise* (sc. x). — Ma *franchise* va danser la courante (sc. XIII).

Cf. Corneille, *Cinna*, IV, IV :

Cesse de soupirer, Rome, pour ta *franchise.*

Furieusement. Adverbes que les PRÉCIEUSES employaient, nous dit Somaize « plus de cent fois par jour » et qui, ainsi que : *épouvantablement* et *terriblement,* voulait simplement dire : *beaucoup, tout à fait.* — Une oreille un peu délicate pâtit *furieusement* (sc. v). — *Furieusement* bien (sc. x).

Furieux. Veut dire, DANS LA LANGUE PRÉCIEUSE : grand, extrême. — J'ai une délicatesse *furieuse* pour tout ce que je porte (sc. x). — J'ai un *furieux* tendre pour les hommes d'épée (sc. XII). — Je vais vous montrer une *furieuse* plaie (sc. XII). — Il est vrai qu'il fait une *furieuse* dépense d'esprit (sc. XII).

Fus (je). Pour : j'allai. — Une duchesse de mes amies que *je fus* visiter (sc. x).

G

Gagner au pied. Prendre la fuite. — Je m'en vais *gagner au pied* (sc. x).

Cf. Thomas Corneille, *l'Amour à la mode*, III, VIII :

Gagnons au pied si vous m'en voulez croire.

Il faut rapprocher de cette expression les deux suivantes, qui ont le même sens :

La Fontaine, *Fables*, livre II, XV :

Le galant aussitôt
Tire ses grègues, *gagne au haut*.

Molière, *le Dépit amoureux*, V, I :

J'en serai moins léger à *gagner le taillis*.

Garçon (mauvais). Homme déterminé et querelleur, capable de faire un mauvais coup. — Des yeux qui ont la mine d'être de fort *mauvais garçons* (sc. x) : des yeux qui ont l'air bien dangereux.

Cf. Molière, *les Fourberies de Scapin*, I, VII :

Enfonce ton bonnet en *méchant garçon*.

Marivaux, *le Paysan parvenu*, 5e partie :

Je me considérai avec cette épée à la main, et avec mon chapeau enfoncé en *mauvais garçon*...

Garde meurtrière (ancien terme d'escrime). Position de celui qui se prépare à attaquer son adversaire. — Ils se mettent *sur leur garde meurtrière* (sc. x).

Généralement. Toujours, en tout. — Donner *généralement* sur tout ce qu'il y a de plus beau.

H

Haleine (prendre).— Souffrez que *nous prenions* un peu *haleine* parmi le beau monde de Paris (sc. v) : souffrez que nous respirions un peu et que nous nous fassions une place dans le beau monde.

Hardes. Ce mot, qui ne désigne aujourd'hui que des vêtements en mauvais état, se disait, au XVIIe siècle, de toute espèce d'habits, vieux ou neufs. — Qu'on emporte toutes ces *hardes* (sc. XVI).

Heure (à la bonne). Bonne chance ! — A *la bonne heure*, puisque Dieu l'a voulu *(préface)*.

Heure (tout à l'). Veut dire non pas : dans un moment (comme aujourd'hui), mais : tout de suite. — Je veux avoir de l'argent *tout à l'heure* (sc. VIII). — Mes maîtresses vont venir *tout à l'heure* (sc. IX).

Honnête. Beau, bienséant, convenable. — J'ai à me plaindre de votre procédé, cela n'est pas *honnête* (sc. x). — Cela n'est ni beau ni *honnête* de nous les débaucher (sc. xvi).

Honneur. Dans le sens de : Civilité. — Ce n'est pas que je veuille faire ici l'auteur modeste et mépriser par *honneur* ma comédie *(préface)* : mépriser ma comédie par excès de réserve et de complaisance, par politesse.

I

Ici dedans. — Venez nous tendre *ici dedans* le conseiller des grâces (sc. vii). *Ici dedans* ne s'emploie plus aujourd'hui, quoiqu'on dise fort bien : là dedans.
Pour *ici dedans* on disait, au moyen âge : *ci ens*, et plus tard *céans*.

Il. Pour : cela. — Cela ne sent point le pédant. *Il* (cela) en est éloigné de deux mille lieues (sc. x). — *Il* (cela) n'est pas nécessaire (sc. xii).

Il est quelque chose de cela. — *Il pourrait être quelque chose de ce que* vous dites (sc. x) : il pourrait y avoir du vrai dans ce que vous dites.

Imprimer ses souliers en boue (sc. viii). Locution précieuse. Laisser dans la boue la marque de ses souliers, par suite : marcher dans la boue, crotter ses souliers.

Incommodé de. Appauvri en. — Je me trouve un peu *incommodé de* la veine poétique (sc. xii).

Incongru. Qui n'est pas convenable, qui manque aux usages du monde. — Des gens qui sont tout à fait *incongrus* en galanterie (sc. v).

Inscrire (s') en faux contre. Terme de procédure : soutenir en justice qu'une pièce produite par la partie adverse est fausse ; par suite : protester contre. — *Je m'inscris en faux contre* vos paroles (sc. x).

Irrégulier en. — Une tête *irrégulière en* cheveux (sc. v). Terme précieux. Une tête dont la chevelure est peu régulière, une tête mal peignée.

J

Jargon. Langage peu naturel et peu intelligible. — Quel diable de *jargon* entends-je ici? (Sc. v.)

Jargon voulait dire primitivement : le cri de l'oie ou du *jars;* il a désigné par suite un langage difficile à comprendre.

Jour (mettre au) quelqu'un. Publier son ouvrage. — *On me met au jour* sans me donner le loisir de me reconnaître *(préface)*.

Justement. — *Justement* au derrière de la tête (sc. xii). Nous dirions aujourd'hui : juste au derrière de la tête.

L

Laisser (ne pas) de. Ne pas manquer de. — Consentir à une chose qu'*on ne laisserait pas de* faire sans moi *(préface)*. — *Ne laissons pas d'*achever (sc. xv).

Les. Article supprimé. — Ce sont fruits des veilles (sc. xii), pour : ce sont *les* fruits...

Lune (demi-). Voir la note (sc. xii).

M

Mal. — Il me semble qu'ils sortent *mal* satisfaits d'ici (sc. ii). Nous dirions aujourd'hui : peu satisfaits.

Cf. Molière, *l'Étourdi*, I, vii :

... A parler franchement
Je suis *mal* satisfait de mon fils.

Manière (une) de. Une espèce de. — *Une manière de* bel esprit (sc. i).

Cf. Molière, *le Malade imaginaire*, II, vi :

Vous n'allez entendre chanter que de la prose cadencée ou des *manières de* vers libres.

Maraud. Synonyme de faquin (cf. ce mot). Terme de mépris généralement appliqué aux valets. — Je pense que ces *marauds*-là ont dessein de me briser (sc. viii). — Ma foi, *marauds* (sc. xvi).

Marchand. Dans la langue des précieuses, ce mot veut dire : vulgaire, peu distingué. Il est synonyme de bourgeois (cf. ce mot). — Il ne se peut rien de plus *marchand* que ce procédé (sc. v).

Maure. Cf. Turc.

Mine (avoir la) de. Avoir l'air de. — Je vois ici des yeux qui *ont la mine d'*être de fort mauvais garçons (sc. x). — *Vous avez toute la mine d'*avoir fait quelque comédie (sc. x). — *Il a la mine de* danser proprement (sc. xiii).

Monde (du). Cette expression se joint très fréquemment à un superlatif pour lui donner plus de force. — Il tourne les choses le plus agréablement *du monde* (sc. xii). — Que vous trouverez le plus beau *du monde* (sc. xii).

On disait de même : les dernières personnes *du monde* (sc. i). — Il y a toutes les apparences *du monde* (sc. vi).

Moyen (le) que. Comment y aurait-il moyen que...? Comment serait-il possible que...? — *Le moyen qu'*une fille un peu raisonnable se pût accommoder (sc. v).

N

Ne. Supprimé dans une interrogation.— Vous avais-je pas commandé? (sc. v), pour : *Ne* vous avais-je pas commandé? — Voyez-vous pas? (sc. XII), pour : *Ne* voyez-vous pas?

Cf. La Fontaine, III, fable II :

Fit-il pas mieux que de se plaindre?

— Supprimé après Devant que, avant que. — Devant que les chandelles soient allumées (sc. x), au lieu de : avant que les chandelles *ne* soient allumées

Nécessaire (un). DANS LE LANGAGE PRÉCIEUX : Un laquais. — « Les précieuses, dit Somaize dans son *Dictionnaire*, ont ainsi appelé un laquais : *un nécessaire*, parce qu'on en a toujours besoin. » — Voilà *un nécessaire* qui demande... (sc. VII).

Nécessité (de). Nécessairement. — Cent choses qu'il faut savoir *de nécessité* (Sc. x). Nous disons aujourd'hui : de toute nécessité.

Neuf. Inexpérimenté. — Qu'un auteur est *neuf*, la première fois qu'on l'imprime ! *(Préface.)*

Cf. Molière, *M. de Pourceaugnac*, I, III :

Comme je sais que vous n'êtes jamais venu dans le pays et que vous y êtes tout *neuf*.

Neuf a, dans ces phrases, le sens de *novice*, qui vient aussi, mais par dérivation, du latin *novus*.

O

Obligé de la dernière obligation. LOCUTION PRÉCIEUSE pour dire : extrêmement obligé. — Nous vous serons *obligées de la dernière obligation,* si vous nous faites cette amitié (sc. x).

Occasion. Combat, rencontre. *Dans l'occasion :* au combat. — Nous nous sommes vus tous deux *dans l'occasion* (sc. XII).

Cf. Mme de Sévigné, *Lettre* du 2 juin 1672 :

J'aimerais mieux aller à l'*occasion,* j'affronterais plus aisément la mort dans la chaleur du combat.

Hamilton, *Mémoires du chevalier de Grammont,* ch. V :

Vous ne sauriez vous empêcher d'être au milieu des ennemis, un jour d'*occasion.*

Oie (la petite). On appelait *petite-oie* « les rubans, les bas, le chapeau, les gants et tout ce qu'il faut pour assortir un habit ». (*Dictionnaire de l'Académie*, 1694.)

Au sens propre, le mot *petite-oie* désignait la tête, les ailes et les pattes de l'oie, c'est-à-dire les abatis que l'on ôtait de l'oie pour la mettre à la broche. La petite oie était donc le complément de l'oie ; par analogie, on appliqua aussi ce mot aux divers ornements qui étaient le complément du costume.

— Que vous semble de ma *petite-oie*? (Sc. x.)

Cf. Corneille, *la Galerie du Palais*, IV, xiv :

Ne vous vendrai-je rien? monsieur, des bas de soie,
Des gants en broderie ou quelque *petite-oie?*

Où. Pour : auquel. — Et ce lien sacré *où* ils aspirent (sc. vii).

Ouïr. Entendre. Ce verbe, très usité au xviie siècle, ne s'emploie plus aujourd'hui qu'au participe passé et à l'infinitif. — Que nous *oyions* quelque chose qu'on ait fait pour nous (sc. xii).

P

Paraître à. Se faire connaître par. — Un prompt courroux qui *paraît à* notre rougeur (sc. v).

Parmi. — *Parmi* le beau monde de Paris (sc. v). Nous disons aujourd'hui : *dans* le beau monde.

Particulier. Intime. — Nous avons une amie *particulière* (sc. x).

Passe (être en) de. Être dans de bonnes conditions pour, être sur le point de. — Nous sommes *en passe* d'être connues.

Cf. Molière, *les Fâcheux*, I, x :

J'ai servi quatorze ans et je crois *être en passe*
De pouvoir d'un tel pas me tirer avec grâce.

« Autrefois, au jeu de mail ou de billard, on appelait *passe* une porte ou arc de fer, par où la boule ou la bille devait passer. Le joueur assez adroit pour s'être placé le plus près de cet arc *était en passe*, c'est-à-dire sur le point de passer. De là l'expression figurée en parlant d'un homme en mesure de réussir. » (Génin, *Lexique*.)

Passionné (le). Adjectif pris substantivement DANS LA LANGUE DES PRÉCIEUSES. Cf. *le doux*, *le tendre*.

Pâtir. Pour : souffrir. — Une oreille un peu délicate *pâtit* furieusement à entendre prononcer ces mots-là (sc. v).

Pecque (une). Une sotte prétentieuse et impertinente. — A-t-on jamais vu, dites-moi, deux *pecques* provinciales (sc. I) ?

Ce mot, dont l'origine est douteuse, a le même sens que *pécore*. Même au XVIIe siècle il était très peu usité.

Pendard, pendarde. Homme ou femme qu'il faudrait pendre, coquin ou coquine. — Ces *pendardes*-là (sc. IV). — Et vous, *pendardes* (sc. XIX).

Pic. Vous allez faire *pic, repic* et *capot* tout ce qu'il y a de galant dans Paris (sc. X).

Ce sont là des termes du jeu de piquet. Pour *capot*, cf. ce mot.

On fait *pic* quand, avec ses annonces et ses levées, on arrive à 30, sans que l'adversaire ait rien pu compter : dans ce cas, au lieu de compter 30, on compte 60.

On fait *repic* quand, avec ses annonces seulement, c'est-à-dire avec toutes ses cartes en main et sans avoir joué, on arrive à 30, sans que l'adversaire ait rien pu compter : dans ce cas, au lieu de compter 30, on compte 90.

Pièce. Tour. *Faire une pièce, jouer une pièce;* jouer un tour. — — Nous leur jouerons une *pièce* (sc. I). — Ah! mon père, c'est une *pièce* sanglante qu'ils nous ont faite (sc. XVIII).

Cf. Molière, *M. de Pourceaugnac,* II, IV :

Cet homme-là est un fourbe qui m'a mis dans une maison pour se moquer de moi et *me faire une pièce*.

Piquer (se) de. Avoir des prétentions à. — Il *se pique* ordinairement *de* galanterie et de vers (sc. I). — Qu'une personne *se pique d'*esprit (sc. X).

Piquer (se). Se sentir offensé. — Entre amis on ne va pas *se piquer* pour si peu de chose (sc. XV).

Plain-pied (de). Sans avoir ni à monter ni à descendre; par suite, au figuré : sans difficulté, sans obstacles. — Et qu'Aronce de *plain-pied* fût marié à Clélie (sc. V).

Poils (un brave à trois). Un brave de la première qualité, par analogie avec le velours qui est très bon quand il a trois ou même quatre poils, c'est-à-dire quand la trame en est de trois ou quatre fils de soie. — Vous voyez dans le vicomte un des plus vaillants hommes du siècle. *C'est un brave à trois poils* (sc. XVII).

Cf. Saint-Simon, *Mémoires*, 335 :

Il passa pour un *brave à quatre poils* qu'il ne fallait pas choquer.

Pommader. — C'est trop *pommadé* (sc. III) : voilà trop longtemps qu'elles se mettent de la pommade.

Cet emploi du participe passé avec *trop* ou *assez* n'est pas rare. On dit souvent : c'est assez réfléchi, c'est assez causé.

Le mot *pommade* vient de *pomme :* ce cosmétique était autrefois préparé avec de la graisse et des pommes.

Posté. Terme militaire : placé au poste, par suite : établi, installé. — Je suis ici *posté* commodément pour attendre (sc. IX).

Pour. A cause de. — Je me trouve un peu incommodé (cf. ce mot) de la veine poétique *pour* la quantité de saignées que j'y ai faites (sc. XII).

Pousser. Pousser un sentiment : l'exprimer avec vivacité, avec force. — Il faut qu'un amant sache *pousser* le doux, le tendre et le passionné (sc. V).

Cf. Molière, *Amphitryon*, I, IV :

> Il nous ferait beau voir, attachés face à face,
> *Pousser* les tendres sentiments.

Comparez aussi ces vers si expressifs du *Tartuffe*, I, V :

> Il attirait les yeux de l'assemblée entière
> Par l'ardeur dont au ciel il *poussait* sa prière.

Nous trouvons enfin dans *l'Ecole des Femmes*, I, V, une expression semblable :

> Héroïnes du temps, mesdames les savantes,
> *Pousseuses* de tendresse et de beaux sentiments.

Pousser dans. — Voilà qui est *poussé dans* le dernier galant (sc. X). LOCUTION PRÉCIEUSE : Voilà qui est dit d'une façon très galante.

Pouvoir (se), employé impersonnellement. — *Il ne se peut rien* de plus marchand (sc. V) : il ne peut rien exister de plus marchand.

Presse (sous la). — Cet autre met ses ouvrages *sous la presse* (sc. X). Nous disons aujourd'hui : *sous presse.*

Procédé. Façon d'agir. — Le *procédé* irrégulier de ces gens-là (sc. V). — Il ne se peut rien de plus marchand que ce *procédé* (sc. V).

Cf. Molière, *Sganarelle*, sc. V :

> Voilà de nos maris le *procédé* commun.

Cf. Corneille, *la Suite du Menteur*, III, II :

> Je ne fais que me figurer
> Que tu te plains à cette belle,
> Que tu lui dis mon *procédé*...

Proprement. D'une façon élégante — Il a la mine de danser *proprement* (sc. XIII). Le mot *propre* avait assez souvent au XVIIe siècle le sens d'élégant.

Cf. Molière, *le Bourgeois gentilhomme*, III, II :

> Comment, monsieur Jourdain, vous voilà le plus *propre* du monde.

Protester que. Déclarer que, assurer que. — Nous vous *protestons* que nous n'en serons aucunement jaloux (sc. XVI).

Prud'homie. Bonté, honnêteté. — Nos yeux n'ont pas de mauvais desseins et votre cœur peut dormir en assurance sur leur *prud'homie* (sc. x).

« La *prud'homie* des yeux » est une EXPRESSION PRÉCIEUSE.

Cf. Mme de Sévigné, *Lettre* du 11 septembre 1675 :

Quoique votre Rhône soit *terribilis*, je voudrais être aussi près de me confier à sa *prud'homie*.

Q

Qualité. Noblesse, distinction. *Les gens de qualité :* les gentilshommes. *Une odeur de qualité :* une odeur distinguée.

— *Les gens de qualité* savent tout sans avoir jamais rien appris (sc. x). — Demander de l'argent à une personne *de ma qualité* (sc. VIII). — Cette odeur est tout à fait *de qualité* (sc. x).

Quartier. Quart de l'aune, c'est-à-dire trente centimètres. — Mes canons (cf. ce mot) ont un grand *quartier* de plus que tous ceux qu'on fait (sc. x).

Que. Pour : où, dans lequel. — En l'état *qu*'ils sont (sc. XVI).

Cf. Molière, *l'Étourdi*, I, VI :

L'argent dans notre bourse entre agréablement ;
Mais le terme venu *que* nous devons le rendre,
C'est lors que les douleurs commencent à nous prendre.

— pour : autre chose que. — Ont-elles répondu *que* oui et non ? (sc. I).

— pour : qui est cause que. — Dites-moi un peu ce que vous avez fait à ces messieurs, *que* je les vois sortir avec tant de froideur (sc. V).

— pour : comme. — *Que*, si tout le monde vous ressemblait, un roman serait vite fini (sc. V).

Quérir. Chercher. Ce mot ne s'emploie guère aujourd'hui. — Qu'ils aillent *quérir* des violons (sc. XII). — Nous avons envoyé *quérir* (sc. XIII).

Qui. Pour : quel. — Et *qui* est-il, le maître de ce laquais (sc. VII) ?

— pour : ce qui. — Je ne sais *qui* me tient (cf. ce mot) que je ne vous en fasse autant (sc. XIX).

R

Réflexion. — *Attachez* sur ces gants *la réflexion de votre odorat* (Sc. x) : FAÇON DE PARLER PRÉCIEUSE pour dire : sentez ces gants.

Refus (de). — *Cela n'est pas de refus* (sc. x). Cette expression est aujourd'hui triviale.

Renchéri. Difficile et dédaigneux. — A-t-on jamais vu deux pecques provinciales faire plus les *renchéries* (sc. I) ?

Cf. Molière, *Prologue d'Amphitryon :*

Hé! là, là, madame la Nuit,
Un peu doucement, je vous prie;
Vous avez dans le monde un bruit
De n'être pas si *renchérie.*

Renchérir. *Renchérir sur le ridicule.* LOCUTION PRÉCIEUSE pour dire : Etre plus ridicule que tout le monde, être tout à fait ridicule.

Repic. Cf. *pic.*

S

Semblant (ne pas faire) de rien. Simuler l'indifférence. — Je n'ai pas voulu *faire semblant de rien* (sc. XV). Nous dirions aujourd'hui : je n'ai voulu faire semblant de rien, en supprimant : *pas.* Cette expression est d'ailleurs devenue triviale.

Sentiment (au) de. De l'avis de. — *Au sentiment de* beaucoup de gens (sc. I).

Service (les gens de). Ce terme, qui désigne aujourd'hui les domestiques, désignait, au XVIIe siècle, les gens au service du roi, les militaires. — La cour récompense bien mal aujourd'hui *les gens de service* comme nous (sc. XII).

Singe. Imitateur. — Les plus excellentes choses sont sujettes à être copiées par de mauvais *singes (préface).*

Cf. Boileau, *Satire X :*

Ecolier ou plutôt *singe* de Bourdaloue.

Spadassin. Scène XVII : Trois ou quatre *spadassins* entrent. Un *spadassin* (du mot italien *spada*, qui veut dire : épée) était un aventurier, un homme d'épée à gages, qui battait ou tuait les gens sur commande.

Spirituel. — Par le moyen de ces visites *spirituelles* (sc. X). Le mot *spirituel* est pris ici dans un sens assez singulier. Visites *spirituelles* veut dire : visites de gens d'esprit ou chez des gens d'esprit.

Sublime (le). Le cerveau, DANS LE LANGAGE PRÉCIEUX. — Cette odeur est tout à fait de qualité; *le sublime* en est touché délicieusement (sc. X).

Surcroît. — Voyez-vous pas qu'il faut le *surcroît* d'un fauteuil? (sc. XII). LOCUTION PRÉCIEUSE pour dire : ne voyez-vous pas qu'il faut un fauteuil de plus.

T

Tapinois (en). « En cachette », comme l'explique lui-même Mascarille (sc. x). Le mot *tapinois* n'est pas très vieux et l'origine n'en est pas bien connue. On le trouve pour la première fois au XVIe siècle.

Tapis (mettre sur le). Mettre en discussion. — *Mettre sur le tapis* une question galante (sc. v).

Temps (un). Quelque temps. — Il cache *un temps* sa passion (sc. v).

Cf. Molière, *le Misanthrope*, I, II :

> L'amour, il est vrai, nous soulage
> Et nous berce *un temps* notre ennui.

Tendre (le). Adjectif pris substantivement pour : le sentiment tendre. — Pousser le doux, *le tendre*, le passionné (sc. v). Cf. ces mots.

Cf. ce que nous disons (*Notes* de la scène v) de la carte *du Tendre*.

Un tendre, une tendresse. — Pour moi, j'ai *un* furieux *tendre* pour les hommes d'épée (sc. XII).

Tenir. Pour : soutenir. — Pour moi, je *tiens* que, hors de Paris, il n'y a point de salut pour les honnêtes gens (sc. x).

— pour : retenir. — Je ne sais qui me *tient* que je ne vous en fasse autant (sc. XIX). Nous dirions aujourd'hui : je ne sais ce qui me retient de vous en faire autant.

Cf. Molière, *Amphitryon*, II, III :

> Je ne sais qui me *tient*, infâme,
> Que je ne t'arrache les yeux.

Terriblement. Extrêmement. DANS LE LANGAGE PRÉCIEUX cet adverbe a le même sens que *furieusement* (cf. ce mot). — Pour moi, j'aime *terriblement* les énigmes (sc. x). — Ils sentent *terriblement* bon (sc. x).

Tudieu! (Tue Dieu), juron usité au XVIIe siècle. — *Tudieu!* vous avez le goût bon (sc. x).

Cf. Molière, *Amphitryon*, I, I :

> *Tudieu!* l'ami, sans vous rien dire,
> Comme vous baillez des soufflets!

Turc (de) à More. — Sans ménagement (comme, en Afrique, les Turcs traitaient les Mores, leurs sujets). — Traiter une âme *de Turc à More* (sc. x).

U

Un (l'). En parlant de plus de deux. — *L'un* de ces jours (sc. XIII). — Nous disons aujourd'hui : *Un* de ces jours.

User (en). Se conduire. — C'est fort mal *en user* (sc. x).

Cf. Molière, *le Misanthrope*, V, I :

Et parce que *j'en use* avec honnêteté.

V

Vais (je m'en). — *Je m'en vais* gager que (sc. v): je gagerais volontiers que.

Véritable. Sincère. — Pour vous montrer que je suis *véritable* (sc. XII).

Cf. Molière, *le Misanthrope*, I, II :

J'ai monté pour vous dire, et d'un cœur *véritable*,
Que j'ai conçu pour vous une estime incroyable.

Vilain. Qui n'est pas noble et, par extension, sot, déshonnête. — Allez vous cacher, *vilaines* (sc. XIX).

Cf. Molière, *l'Ecole des Femmes*, III, II :

Gardez-vous d'imiter ces coquettes *vilaines*,
Dont par toute la ville on chante les fredaines.

Vilain vient de *villanus*, mot latin qui veut dire : *paysan*.

Vitement. Vite. Cet adverbe ne s'emploie plus. — Payez-nous *vitement* (sc. VIII). — Faites entrer *vitement* (sc. XI).

Voilà (que). — Ah! *que voilà* un air qui est passionné (Sc. x). Tournure aujourd'hui peu usitée On dit simplement : voilà un air, etc.

Cf. Mme de Sévigné, *Lettre* 141 :

Ha, *que voilà* bien le monde!

Voiturer. TERME PRÉCIEUX pour : apporter. — *Voiturez*-nous ici les commodités de la conversation (sc. x).

Y

Y. *Y* est employé fréquemment chez Molière et a beaucoup de sens. Il représente *lui, leur, à, en, dans, avec;* il représente même des membres de phrase et des phrases entières, comme dans les exemples suivants : — Vous prenez la chose fort à cœur. — Sans doute, je l'*y* prends (sc. I) (c'est-à-dire je la prends *à cœur*). — Les auteurs viennent nous lire leurs pièces nouvelles pour nous engager à les trouver belles Pour moi, j'*y* suis fort exact (à les trouver belles), et, quand j'ai promis à quelque poète, je crie toujours : Voilà qui est beau! (Sc. x.)

TABLE DES MATIÈRES

Maison Quantin imprimeur
S. Benoit, 7, à Paris

www.ingramcontent.com/pod-product-compliance
Ingram Content Group UK Ltd.
Pitfield, Milton Keynes, MK11 3LW, UK
UKHW031914260826
14628UKWH00003B/1183

9 782329 471945